Inhaltsverzeichnis

Werkunterricht in der Grundschule
Konstruieren & Montieren mit Metallbaukästen – Bestell-Nr. 12 282
KOHL VERLAG

Vorwort

Liebe Kolleginnen, liebe Kollegen,

überall in unserer Gesellschaft stoßen wir auf technische Konstruktionen. Bereits kleine Kinder erleben Technik und machen ihre ersten Erfahrungen mit ihnen. Sie lieben es, mithilfe von Bauklötzen oder Legosteinen Gebäude nachzubauen und beginnen somit schon von klein auf, Objekte aus ihrem Umweltbereich als Modelle zu konstruieren. Der Werkunterricht der Grundschule soll an diese Vorkenntnisse sowie die Entdeckerfreude der Schüler anknüpfen. „Grundlegende Aufgabe des Faches Werken ist es, dem Schüler über das eigene technisch-produktive Tätigsein zu helfen, die ihn umgebende, stark von Technik geprägte Welt in Ansätzen bewusst zu erfassen und zu verstehen. [...] Damit liefert der Werkunterricht der Grundschule in unverwechselbarer Art und Weise die ersten Bausteine für eine technische Allgemeinbildung.“ (Lehrplan für die Grundschule Werken 2010, S. 5)

Dabei spielt der Metallbaukasten, auch Stabilbaukasten genannt, eine wichtige Rolle. Mit ihm können die Schüler frei oder nach Anleitung verschiedene Modelle technischer Objekte konstruieren und montieren. Sie schulen nicht nur ihre Feinmotorik sowie ein grundlegendes praktisch-technisches Können, sondern auch ihr dreidimensionales Denken sowie wichtige technische Einsichten (vgl. Lehrplan für die Grundschule Werken 2010, S. 5 ff.). Am Anfang stehen vor allem stabile Verbindungen im Vordergrund (Modell einer Leiter, eines Stuhls, einer Brücke u.Ä.). Darauf aufbauend kommen dann bewegliche Verbindungen hinzu (Auto, Roller, Fließband u.Ä.).

In diesem Buch sollen grundlegende Begriffe zum Thema „Metallbaukasten“ geklärt und Beispiele vorgestellt werden, die mit diesem konstruiert werden können. **Im Webshop stehen zum Download Dateien mit methodischen Reihen, die als Anleitung für den Aufbau verschiedener Modelle dienen können.** Dafür habe ich den Metallbaukasten „Construction 167“ von eitech genutzt. Dieser ist immer für zwei Schüler ausgelegt, wodurch die Teamarbeit der Schüler gefördert werden kann. Die Bauteile des Kastens orientieren sich dabei am Lehrplan. Allerdings sind von einigen Bauteilen in diesem Kasten zu wenige vorhanden (z.B. Stellringe, Rundstäbe mit Gewinde u.a.). Daher habe ich oftmals erworbene Ersatzteile oder alternative Montagemöglichkeiten (z.B. Stellringe statt Kontermutter zur Sicherung der Räder) verwendet. Grundlage für dieses Buch bildet der Thüringer Lehrplan „Werken“ aus dem Jahr 2010.

Viele Erfolge bei der Verwendung der folgenden Materialien wünschen das Team des Kohl-Verlages und

Katja Kleinau

Literaturverzeichnis:

THÜRINGER MINISTERIUM FÜR WISSENSCHAFT, BILDUNG UND KULTUR (2010): Lehrplan für die Grundschule und für die Förderschule mit dem Bildungsgang der Grundschule. Werken. Erfurt.
GERECKE, RUDI; HERRMANN, SIEGRID; MERHOUT, DIEMAR (1991): Werkunterricht. Lehrbuch für die Grundschule – Berlin: Volk und Wissen Verlag GmbH.

1.-4. Schuljahr

Katja Kleinau

Werkunterricht in der Grundschule

Konstruieren & Montieren mit Metallbaukästen

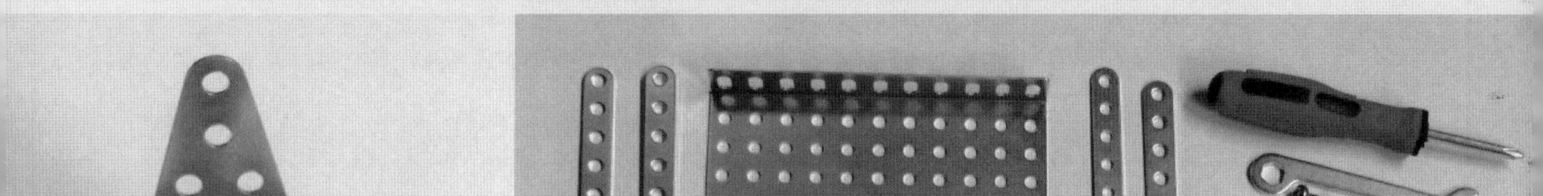

Fix und fertige Unterrichtsideen

www.kohlverlag.de

Werkunterricht in der Grundschule

Konstruieren & Montieren mit Metallbaukästen

3. Auflage 2024

Inhalt: Katja Kleinau
Umschlagbild & Illustrationen: Katja Kleinau
Redaktion: Kohl-Verlag
Grafik & Satz: Kohl-Verlag
Druck: Druckerei Flock, Köln

Bestell-Nr. 12 282

ISBN: 978-3-96040-454-5

Bildquellennachweis:

alle Bilder © Katja Kleinau, außer Schraubenmutter auf den Seiten 9, 18, 19, 21, 24, 27, 29, 34, 36, 38, 41, 44, 46, 47, 49, 53 und 58 © Joachim Wendler - AdobeStock.com

Zusatzmaterial zu diesem Titel im Online-Shop erhältlich:

Unter der Rubrik "Zusatzmaterial" auf der Startseite befindet sich ein direkter Link zum Download des Zusatzmaterials zu diesem Band.

Geben Sie beim Download-Vorgang bitte diesen Code ein: **AR9ZH87P**

Der vorliegende Band ist eine Print-Einzellizenz

Sie wollen unsere Kopiervorlagen auch digital nutzen? Kein Problem – fast das gesamte KOHL-Sortiment ist auch sofort als PDF-Download erhältlich! Wir haben verschiedene Lizenzmodelle zur Auswahl:

	Print-Version	PDF-Einzellizenz	PDF-Schullizenz	Kombipaket Print & PDF-Einzellizenz	Kombipaket Print & PDF-Schullizenz
Unbefristete Nutzung der Materialien	x	x	x	x	x
Vervielfältigung, Weitergabe und Einsatz der Materialien im eigenen Unterricht	x	x	x	x	x
Nutzung der Materialien durch alle Lehrkräfte des Kollegiums an der lizensierten Schule			x		x
Einstellen des Materials im Intranet oder Schulserver der Institution			x		x

Die erweiterten Lizenzmodelle zu diesem Titel sind jederzeit im Online-Shop unter www.kohlverlag.de erhältlich.

1 Vorüberlegungen und allgemeine Hinweise/Tipps

Ich selbst bin Grundschullehrerin mit dem Viertfach Werken. In der Ausbildung wurden alle Lernbereiche nur kurz angerissen und kaum praktisch geübt. Gerade im Bereich Modellbaukasten findet sich kaum nutzbares Lehr- und Lernmaterial. Somit habe ich versucht, Beispiele für diesen Lernbereich zu finden und aufzubereiten. Es handelt sich dabei jedoch um keine fertig konstruierten Stunden. Es sind Ideen, die genutzt und ausgebaut werden können.

Die Arbeit mit dem Metallbaukasten untergliedert sich laut Thüringer Lehrplan in folgende drei Bereiche:

1. Realisieren stabiler Grundkonstruktionen in Modellen einfacher technischer Objekte (Schuleingangsphase)
2. Konstruieren und Montieren von Modellen technischer Objekte zum Transport von Menschen und Gütern – Fahrzeugbau (Schuleingangsphase)
3. Konstruieren und Montieren von Modellen technischer Objekte zum Transport von Menschen und Gütern – Fördertechnik (Klassenstufe 3/4)
(vgl. Lehrplan für die Grundschule Werken 2010, S. 18 ff.)

In der Aufgliederung des Stoffverteilungsplanes bietet es sich an, den 1. Bereich im 1. Schuljahr, den 2. Bereich im 2. Schuljahr und den dritten Bereich im 3. Schuljahr des Werkunterrichts umzusetzen. Da für die Klassenstufen 3/4 zudem die Arbeit mit einfachen Stromkreisen vorgesehen ist und darauf aufbauen/umsetzend die Arbeit mit dem Getriebebaukasten, sollte für diesen Bereich in Klassenstufe 4 genug Zeit verbleiben.

Die Schüler sollen während der Arbeit mit dem Metallbaukasten verschiedene technische Objekte konstruieren und montieren. Dabei sind unterschiedliche Sozialformen wie die Einzel-, Partner- und Gruppenarbeit möglich. Der Lernbereich erfordert jedoch auch ein fundiertes fachliches Wissen. Die Schüler sollen die Bauteile mit ihren Fachbegriffen benennen und sie zeichnerisch unter der Nutzung technischer Symbole darstellen können. Mit diesem technischen Grundsachverhalten sollte die Lehrperson vertraut sein und sie mit den Lernenden besprechen. Die wichtigsten Punkte werde ich im nächsten Kapitel vorstellen und mich dabei auf folgende Quelle stützen: „GERECKE, RUDI; HERRMANN, SIEGRID; MERHOUT, DIEMAR (1991): Werkunterricht. Lehrbuch für die Grundschule – Berlin: Volk und Wissen Verlag GmbH".

Die Stundeneinstiege und Konstruktionsanweisungen sollten abwechslungsreich gestaltet werden. Neben dem freien Bauen kann der Schüler „[mit] Hilfe von Vorlagen wie Konstruktionsanleitungen, Abbildungen bzw. Fotos sowie sinnbildlichen Darstellungen […] einfache Grundkonstruktionen erfassen und stabile, funktionsfähige Modelle nachbauen. Er ist darüber hinaus in der Lage, individuelle Modellvarianten durch das Einbringen eigener Konstruktionsvorschläge und die kreative Verwendung verschiedenartiger ergänzender Materialien bei der weitgehend selbstständigen Montage zu realisieren." (Lehrplan für die Grundschule Werken 2010, S. 19) Zudem können auch technische Objekte im Raum betrachtet und nachgebaut werden wie beispielsweise ein Stuhl, ein Tisch, eine Leiter, ein Roller u.a.. Ebenso kann ein Demonstrationsmodell des Lehrers als Bauvorlage dienen.

Beim Konstruieren und Montieren technischer Objekte können auch methodische Reihen (siehe Webshop) eingesetzt werden. Nachdem die Lernenden das technische Objekt kennengelernt haben, werden Abbildungen aufgereiht, auf denen die Teilschritte zur Montage erkennbar sind. Dieses didaktische Hilfsmittel soll den Lernenden die Arbeitsschritte bewusst machen.

1 Vorüberlegungen und allgemeine Hinweise/Tipps

Werden diese methodischen Reihen das erste Mal angewendet, macht es Sinn, das technische Objekt gemeinsam mit allen Schülern nachzubauen, dabei die Bauteile und Baugruppen zu benennen und auf Besonderheiten mit den Schülern einzugehen. Der richtige Umgang mit dem Werkzeug sollte sowohl erläutert als auch in einer Lehrer- sowie Schülerdemonstration vorgeführt werden. Sind die Schüler im Umgang mit dem Metallbaukasten bereits geübter, so können sie die methodischen Reihen eigenständig auf ihre Arbeit übertragen.

Konstruktionsanleitungen verschiedener Modelle sind in der Regel dem Metallbaukasten beigelegt. Daher werde ich auf diese im Weiteren nicht eingehen. Ich werde für jeden Jahrgang verschiedene technische Objekte vorstellen, die im Werkunterricht besprochen und als Modell nachgebaut werden können. Zu jedem Objekt habe ich dafür eine methodische Reihe angefertigt.

Am Ende jeder Stunde sollte genug Aufräumzeit eingeplant werden. Ein Aufräumlied kann diese Phase begleiten. (z.B. das Aufräumlied von der CD Musik-Spiel-Reise ins Geschichtenland: Kunterbunte Lieder, Verse und Geschichten zum Mitsingen, Bewegen, Tanzen und Zuhören von Ökotopia Mit-Spiel-Lieder) Da die Schüler ihre Modelle nicht mit nach Hause nehmen können, fertige ich oft Fotos von den Schülern mit ihren Modellen an. Als Abschluss dieser Lerneinheit können die Schüler diese Fotos als Erinnerung erhalten.

Zu Beginn der Stunde sollte mit den Schülern immer der Ablauf der Stunde besprochen und der zeitliche Rahmen festgelegt werden.

Mögliche Stundenabfolge:

Einstieg (verschiedene Möglichkeiten)

- Problemstellung zu einem technischen Objekt
- technisches Objekt zum Nachbauen
- Foto eines technischen Objektes
- Schemaskizze eines technischen Objektes
- Lehrermodell eines technischen Objektes
- bildliche Darstellung/Bauvorlage eines technischen Objektes

Durchführung

- Bewertungskriterien festlegen
  - o prozessbezogene Bewertungskriterien (z.B. sicherer Umgang mit dem Werkzeug, Ordnung am Arbeitsplatz)
  - o produktbezogene Bewertungskriterien (z.B. stabil, sicher, funktionstüchtig)
- erforderliche Bauteile benennen – Stückliste anfertigen
- Bauteile herauslegen
- Werkzeuge herauslegen
- Montieren des Modells

Auswertung

- Erproben und Präsentieren des Produktes anhand der Bewertungskriterien

1 Vorüberlegungen und allgemeine Hinweise/Tipps

Aufräumzeit (z.B. mit einem Aufräumlied)

Bewertungskriterien im Werkunterricht:

Im Werkunterricht gibt es produkt- und prozessbezogene Bewertungskriterien. Bevor die Schüler mit ihrer Arbeit beginnen, sollten diese mit den Schülern besprochen und im Raum/an der Tafel festgehalten werden. Dabei können in der Schuleingangsphase auch wieder Symbolkarten zur Hilfe genommen werden. Vorbereitete magnetische Bild- und Wortkarten erleichtern ein schnelles und übersichtliches Tafelbild.

Abbildung 1: Beispiele für produkt- und prozessbezogene Bewertungskriterien

Hilfestellungen im Werkunterricht:

Eine individuelle Hilfe durch Mitschüler oder den Lehrenden ist jederzeit möglich. Um allen Schülern zeitnah gerecht zu werden, ist es sinnvoll, die Schüler- und Lehrerhilfe gut zu organisieren. Dafür ist es möglich, allen Schülern ein Namensschild auszuhändigen, welches magnetisch ist und die Tafel mit einzubeziehen. Für jede Stunde könnten 2 oder mehr Schüler als Helferkinder bestimmt werden, die den Lehrer, wenn sie selbst Zeit haben oder mit der Arbeit bereits fertig sind, helfend unterstützen. Benötigt ein Schüler Hilfe, heftet er seinen Namen an die Tafel. Die Helferschüler sowie der Lehrende helfen den Schülern der Reihe nach und behalten somit einen Überblick. Ein Reinrufen der Schüler sowie ein unnötiges langes Melden wird somit vermieden.

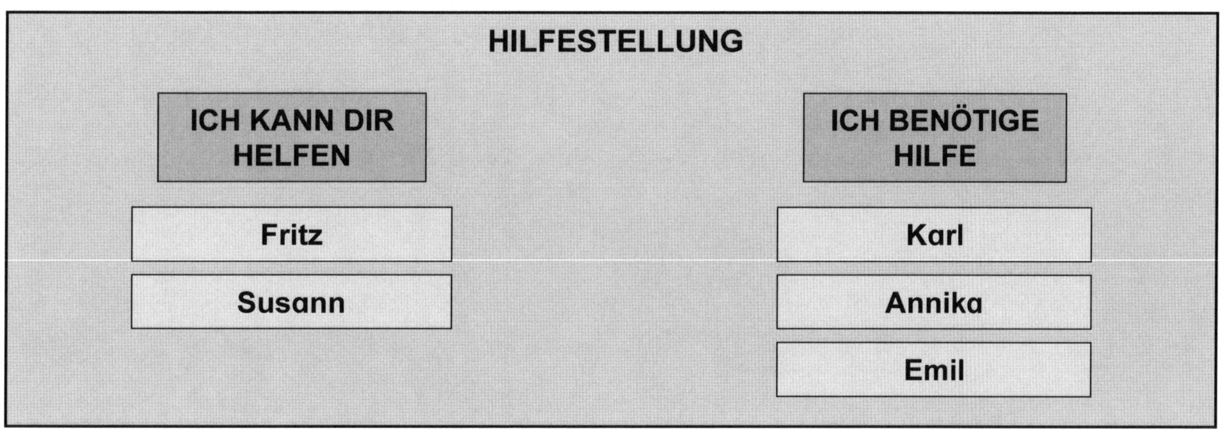

Abbildung 2: Organisierte Hilfestellung im Werkunterricht

2 Technische Grundsachverhalte

Bauteile

Um erfolgreich mit den Schülern mit dem Metallbaukasten arbeiten zu können, ist es wichtig, dass sich die Schüler mit diesem vertraut machen.

Sie sollen die Fachbezeichnung der Bauteile kennenlernen und Schemaskizzen lesen können. Daher ist es wichtig, dass sie auch die vereinfachten Darstellungen der Bauteile kennenlernen.

Tabelle 1: *Bauteile*

Bezeichnung	vereinfachte Darstellung/Symbol	Bild
Flachstab		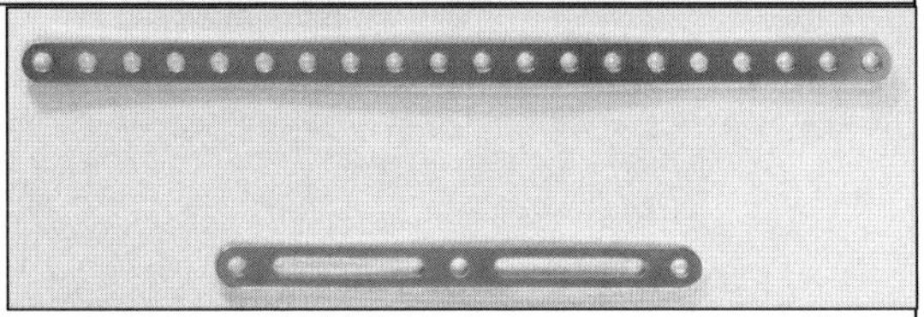
Rundstab		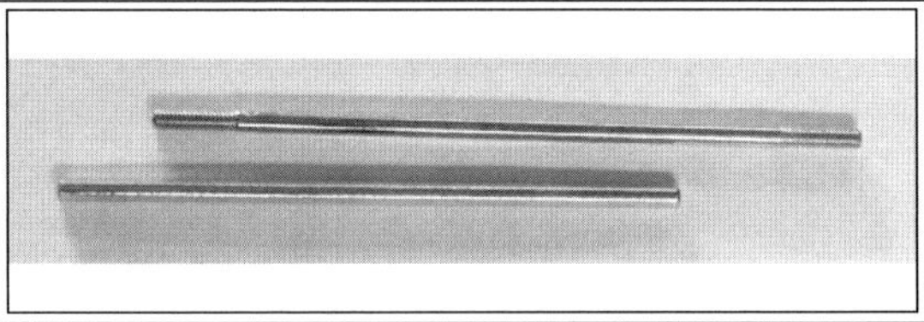
Winkelstab		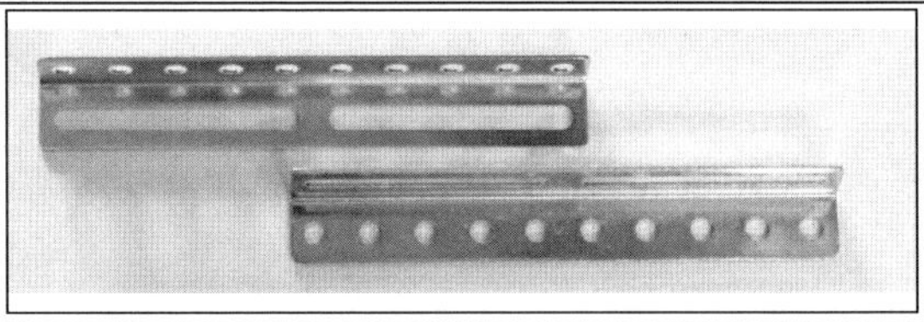
U-Platte	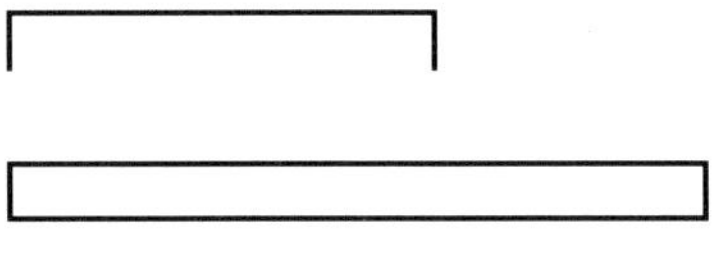	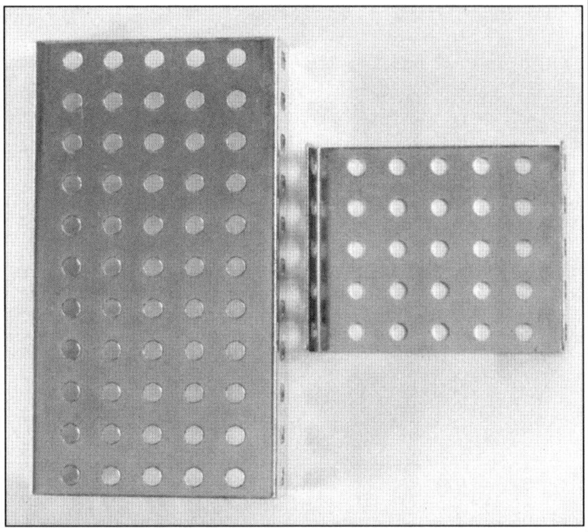
U-Stück		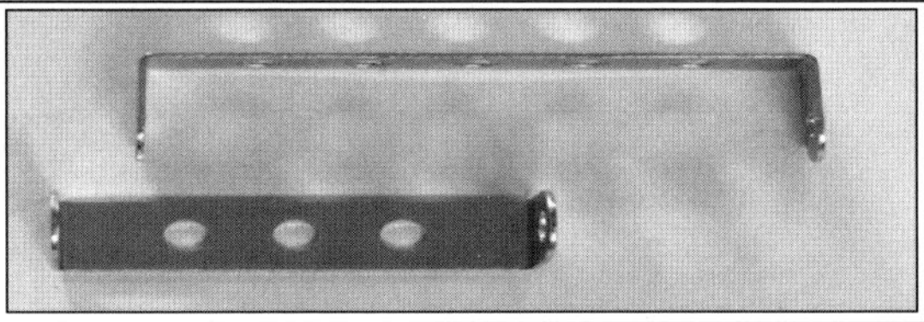

KOHL VERLAG
Werkunterricht in der Grundschule
Konstruieren & Montieren mit Metallbaukästen – Bestell-Nr. 12 282

2

Technische Grundsachverhalte

Bauteile

Tabelle 1: *Bauteile*

Bezeichnung	vereinfachte Darstellung/Symbol	Bild
Winkelstück		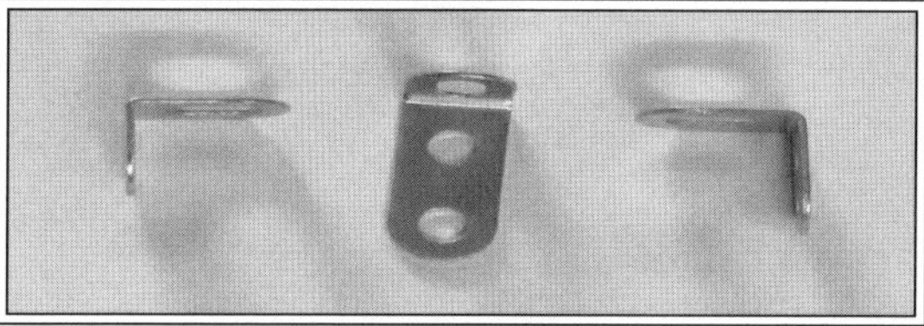
Rad	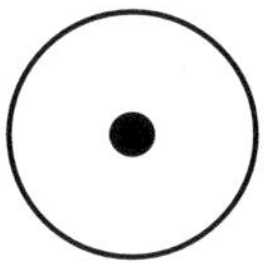	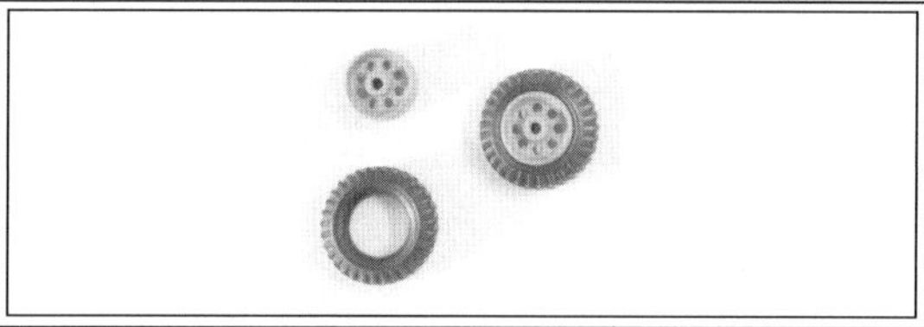
Schraube		
Mutter		
Rolle	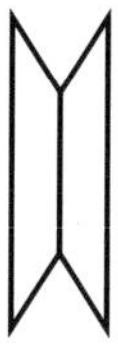	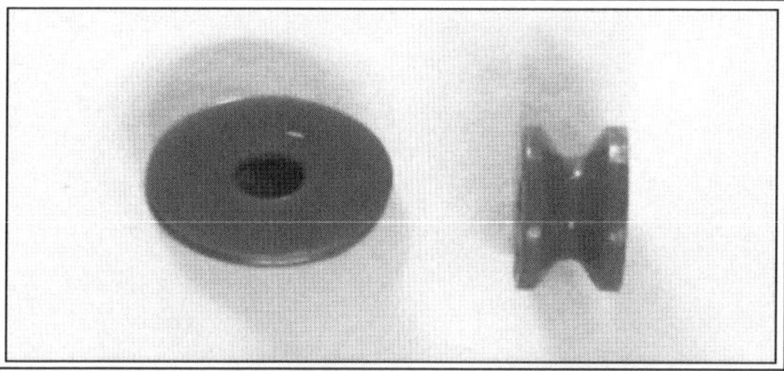
Seiltrommel	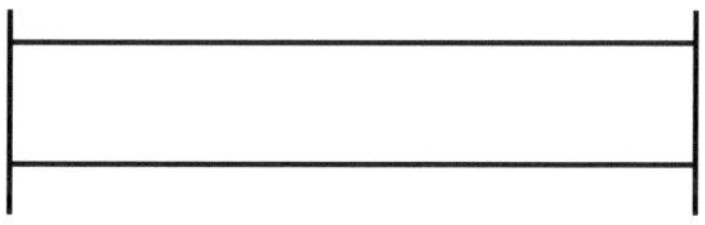	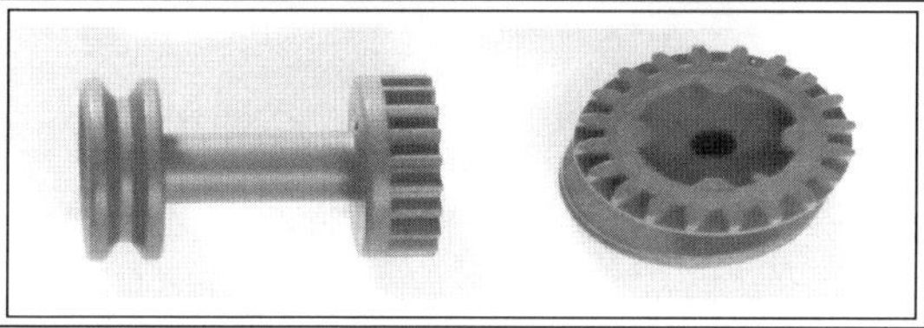

Werkunterricht in der Grundschule
Konstruieren & Montieren mit Metallbaukästen – Bestell-Nr. 12 282
KOHL VERLAG

2 Technische Grundsachverhalte

Bauteile

Tabelle 1: *Bauteile*

Bezeichnung	vereinfachte Darstellung/Symbol	Bild
Kurbel		
Sperrklinke		
Stellring		
Lasthaken		

(vgl. GERECKE, RUDI; HERRMANN, SIEGRID; MERHOUT, DIEMAR 1991, S. 13 ff.)

2 Technische Grundsachverhalte

Baugruppen

Baugruppen bestehen aus mindestens 2 Bauteilen. Sie stellen ein größeres funktionsfähiges Ganzes dar. Ein Beispiel bildet das Fahrgestell des Krans.

***Abbildung 3**: Fahrgestell eines Krans*

Schemaskizzen

Eine Schemaskizze oder schematische Darstellung ist eine Abbildung, bei der das Modell vereinfacht dargestellt wird. In ihr lassen sich alle Bauteile und Baugruppen erkennen, die zum Konstruieren des jeweiligen Modells erforderlich sind.

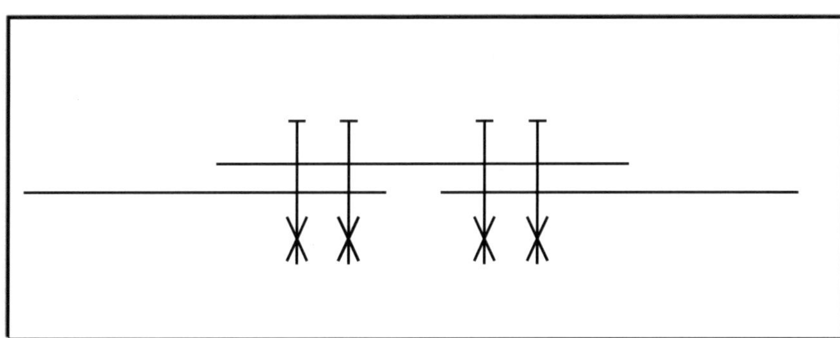

***Abbildung 4**: Schemaskizze einer Laschenverbindung*

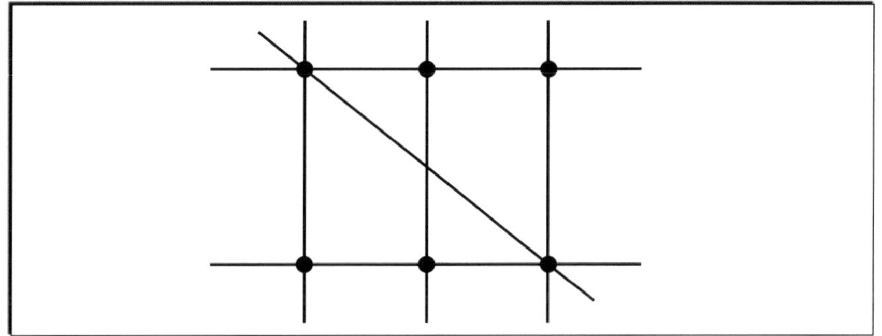

***Abbildung 5**: Schemaskizze eines Gartentors (Strebe/Dreieck als stabile Konstruktion)*

Werkunterricht in der Grundschule
Konstruieren & Montieren mit Metallbaukästen – Bestell-Nr. 12 282

Stabile Verbindungen

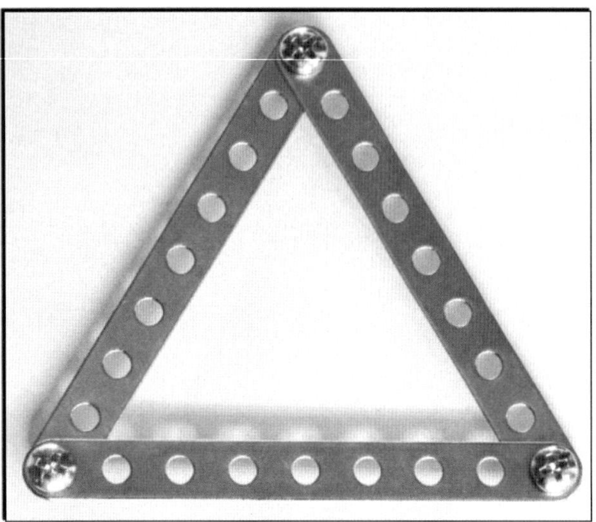

***Abbildung 6**: Das Dreieck als stabile Grundkonstruktion*

Die Schüler sollen ableiten, dass ein Dreieck stabiler als ein Viereck ist. Somit bildet das Dreieck eine stabile Grundkonstruktion.

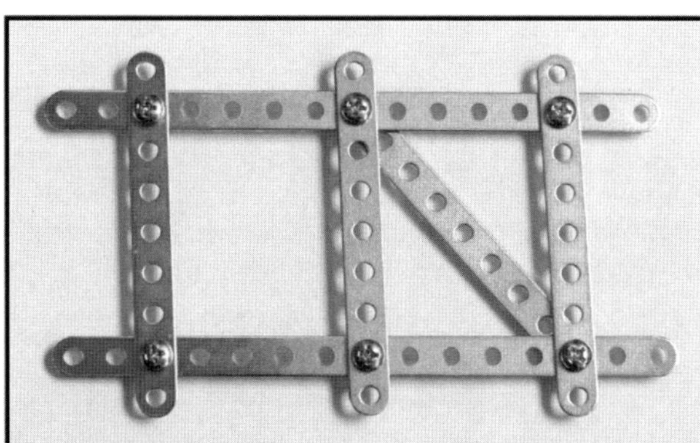

***Abbildung 7**: Die Strebe*

Darauf aufbauend sollen die Schüler bei starren Verbindungen eine Strebe nutzen, um Dreiecksverbindungen und somit stabile Verbindungen zu erzeugen.

Werden längere Flachstäbe benötigt, so können mehrere Flachstäbe durch Überlappen/Laschenverbindungen stabil verlängert werden.

***Abbildung 8**: Überlappung/Laschenverbindung*

Bewegliche Verbindungen

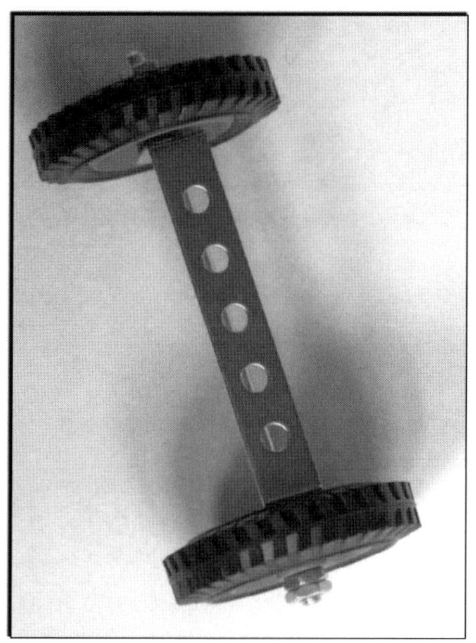

Abbildung 9: *Einsatz von Kontermuttern zur sicheren Radbefestigung*

Radbefestigung: Bei Fahrzeugen ist das Rad ein wichtiges Bauteil. Mithilfe einer Achse ist es fest mit dem Fahrzeug verbunden. Beim Montieren von Achse und Rad können die Räder durch Stellringe oder eine Schraubenverbindung mithilfe einer Kontermutter (einer 2. Mutter) gesichert werden. Ohne Kontermutter würde sich die andere Mutter nach längeren Bewegungen vom Gewinde abdrehen.

Eine Kontermutter ist eine weitere Mutter, die gegen eine andere geschraubt wird, damit sich diese nicht löst. Dafür werden zwei Schraubenschlüssel benötigt.

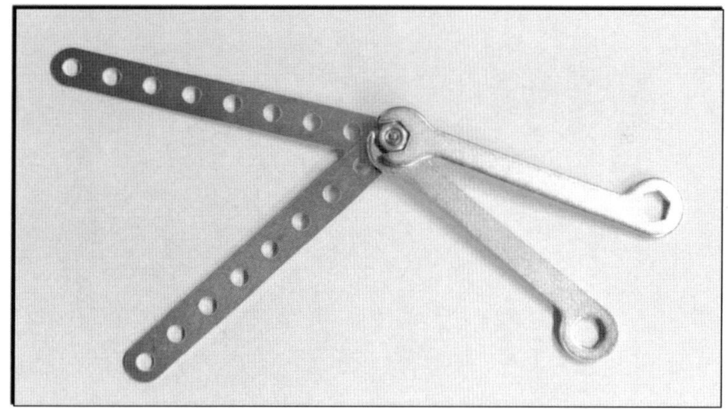

Abbildung 10: *Montage einer Kontermutter*

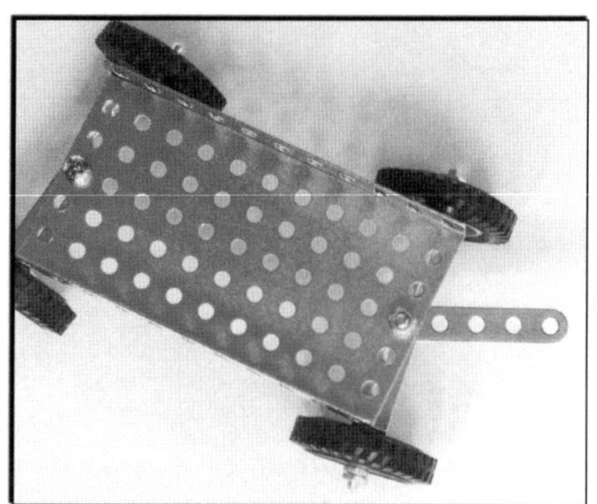

Abbildung 11: *Drehschemellenkung*

Gelenkverbindung: Zwei Verbindungsstücke werden drehbar miteinander verbunden. Auch hier wird zur Sicherung eine Kontermutter genutzt. (Beispiel: Drehschemellenkung bei einer Anhängerkupplung)

KOHL VERLAG Werkunterricht in der Grundschule
Konstruieren & Montieren mit Metallbaukästen – Bestell-Nr. 12 282

3 Realisieren stabiler Grundkonstruktionen in Modellen einfacher technischer Objekte (Schuleingangsphase)

Einstieg in die Arbeit mit Metallbaukästen

Dieser Lernbereich bildet den Einstieg in die Arbeit mit Metallbaukästen im 1. Jahrgang der Grundschule. Dabei sollen technische Objekte aus der dem Schüler bekannten Umwelt betrachtet und als Modell nachgebaut werden.

In diesem Lernbereich stehen stabile Konstruktionen im Mittelpunkt der Arbeit, wie beispielsweise der Gartenzaun, die Leiter, der Tisch, der Stuhl, die Brücke u.a. Um technische Objekte stabil zu konstruieren, muss der Schüler die Dreieckskonstruktion sowie die Zweilochverbindung kennenlernen und seine Wichtigkeit ableiten.

Zudem soll der Lernende den Metallbaukasten und seine Bauteile benennen können. Dabei lernt er auch eine vereinfachte Darstellung dieser Bauteile kennen.

Kennenlernen der Dreiecksverbindung und der Strebe als stabile Grundkonstruktion

Nachdem sich alle Schüler mit dem Metallbaukasten vertraut gemacht und die ersten wichtigen Bauteile kennengelernt haben, können sie in Einzel-, Partner- oder Gruppenarbeit den ersten Arbeitsauftrag erhalten: Sie sollen ein Viereck sowie ein Dreieck bauen.

Zuvor ist es wichtig, das sachgerechte Verbinden von Bauteilen mittels Schrauben und Muttern mithilfe eines Schraubendrehers und -schlüssels zu demonstrieren (Lehrer- und Schülerdemonstration).

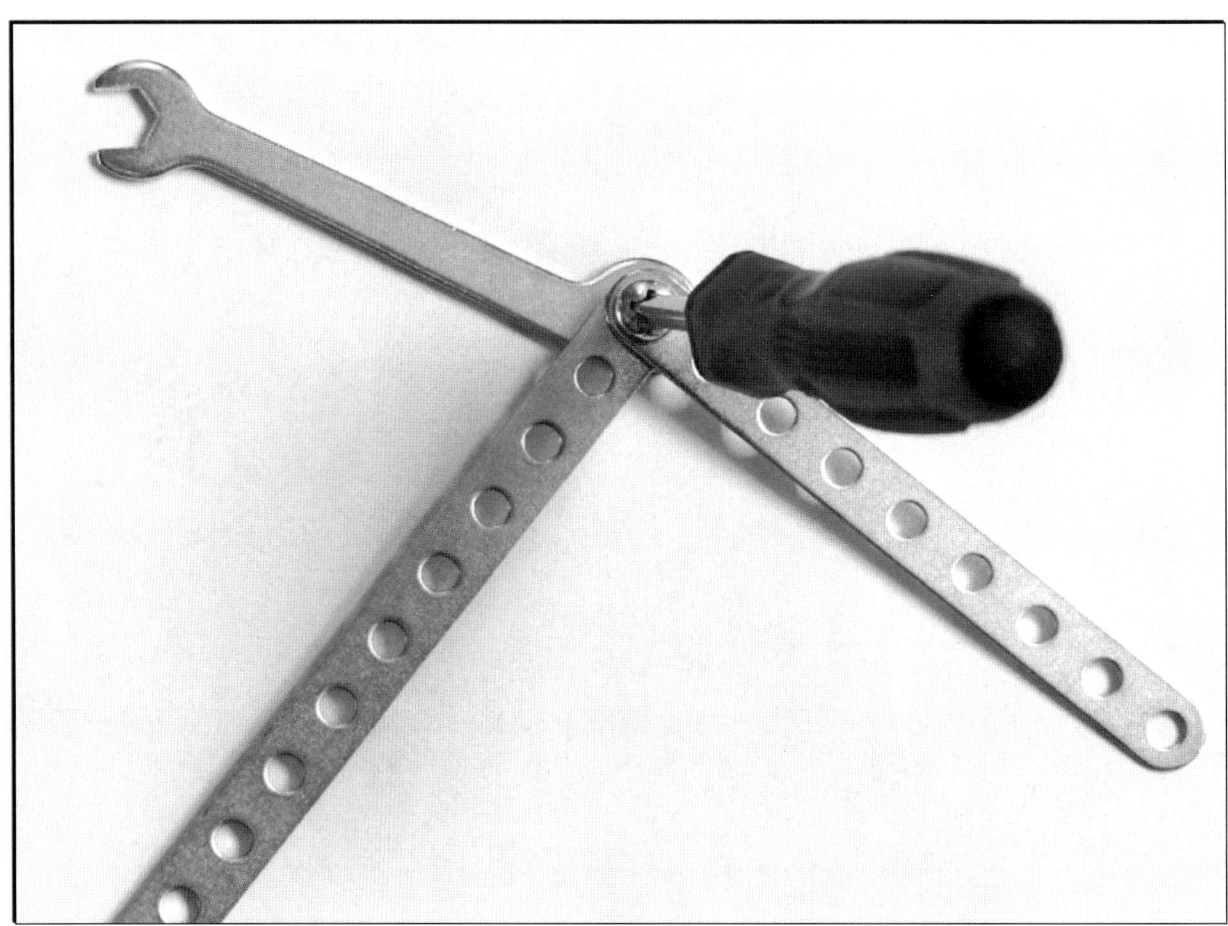

***Abbildung 12**: Montage von Schrauben und Muttern mithilfe von Schraubendreher und -schlüssel*

Werkunterricht in der Grundschule
Konstruieren & Montieren mit Metallbaukästen – Bestell-Nr. 12 282

Einstieg in die Arbeit mit Metallbaukästen

Nach der Montage der beiden Modelle sollen die Schüler herausfinden, welche Konstruktion stabiler ist. Da sich das Viereck durch Ziehen und Drücken bewegen lässt, können die Schüler schlussfolgern, dass das Dreieck eine stabile Grundkonstruktion bildet.

***Abbildung 13**: Viereck*

***Abbildung 14**: Verzogenes/instabiles Viereck*

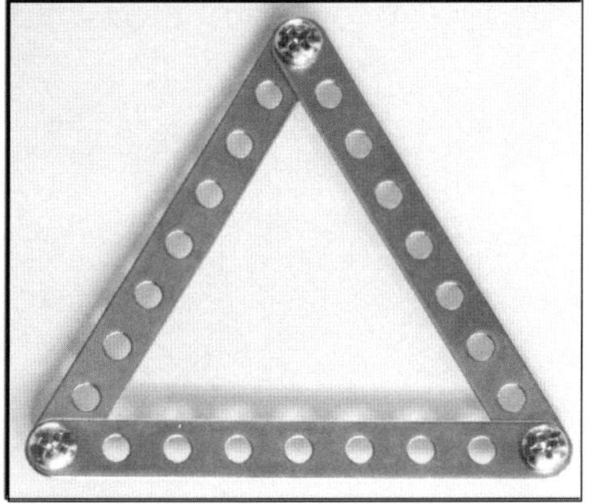

***Abbildung 15**: Dreieck*

Nun können die Schüler überlegen, wie sie ihr Viereck stabilisieren könnten. Dabei sollten sie schlussfolgern, dass sie dieses mithilfe einer Strebe stabilisieren können.

***Abbildung 16**: Viereck mit Strebe zur Stabilisierung*

Werkunterricht in der Grundschule
Konstruieren & Montieren mit Metallbaukästen – Bestell-Nr. 12 282

Kennenlernen der Laschenverbindung/Zweilochverbindung als stabile Grundkonstruktion

Ähnlich wie bei der Dreieckskonstruktion sollen die Schüler nun herausfinden, wie mehrere Flachstäbe durch Überlappen stabil miteinander verbunden werden können. Durch eine Einlochverschraubung entsteht eine bewegliche und somit instabile Verbindung.

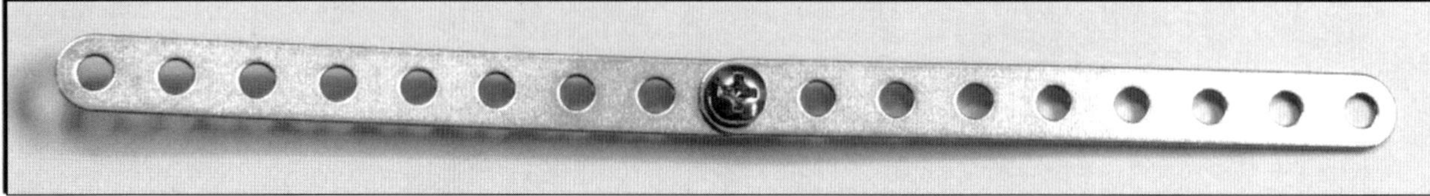

***Abbildung 17**: Einlochverschraubung*

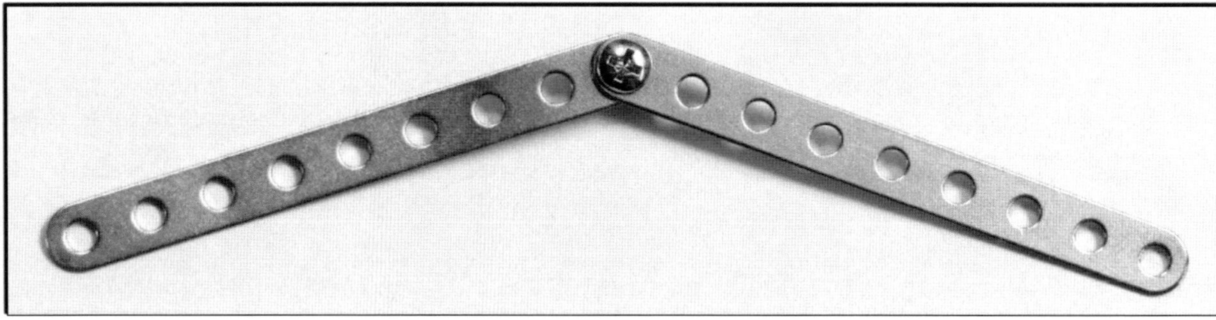

***Abbildung 18**: Instabilität bei einer Einlochverschraubung*

Wird hingegen eine Zweilochverschraubung genutzt, entsteht eine starre und somit stabile Verbindung.

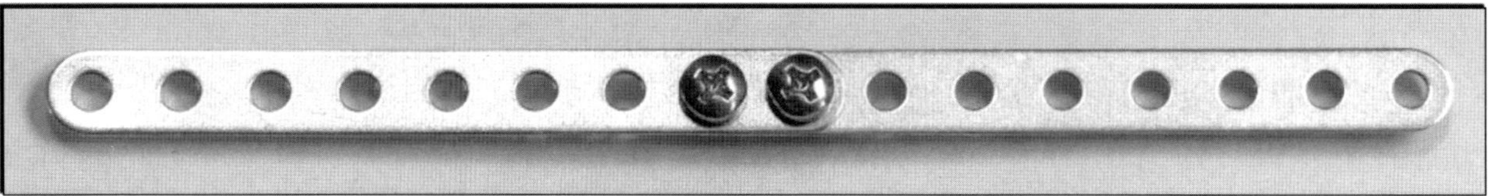

***Abbildung 19**: Zweilochverschraubung*

Auch hier können die Schüler ihre Konstruktionen in Einzel-, Partner- oder Gruppenarbeit montieren. Die Partner- und Gruppenarbeit bietet den Vorteil, dass die Lernenden sofort miteinander ins Gespräch kommen und über technische Sachverhalte diskutieren können.

KOHL VERLAG Werkunterricht in der Grundschule Konstruieren & Montieren mit Metallbaukästen – Bestell-Nr. 12 282

Stabile Konstruktionen – Anwendungsbeispiele

Die Schüler sollen verschiedene technische Objekte als Modelle nachbauen und dabei die Kriterien **stabil** und **sicher** beachten.

Es ist hilfreich, den Stundenverlauf für die Schüler zu Beginn der Stunde an der Tafel zu visualisieren. Laminierte Karten ermöglichen ein schnelles Tafelbild und können in vielen Stunden wieder zum Einsatz kommen. In der Schuleingangsphase sollten statt Wort- lieber Bildkarten genutzt werden, da die Lesekompetenz vor allem im 1. Jahrgang bei den Schülern noch nicht gegeben ist. Zudem kann auch mit den schematischen Darstellungen gearbeitet werden, damit die Schüler sich nach und nach alle einprägen. Diese können von den Lernenden beispielsweise neben den Bildkarten selbst gezeichnet werden.

Die Gartentür

Als Einstieg könnte ein **Bild** oder viele Bilder einer Gartentür gezeigt werden. Die Schüler sollen Ideen sammeln, wo sie eine solche Tür schon einmal gesehen haben bzw. welche Einsatzmöglichkeiten es gibt. Daraufhin kann gemeinsam mit den Lernenden überlegt werden, mit welchen Bauteilen ein Modell davon gebaut werden kann. Dabei sollen die Schüler die Bauteile mit deren Bezeichnung benennen, deren Bezeichnungen geübt werden. Die Tür soll stabil und sicher sein. Die Schüler sollen die Notwendigkeit der Strebe/des Dreiecks als stabile Grundkonstruktion benennen.

Daraufhin könnte auch eine gemeinsame schematische Darstellung erfolgen, um den Schülern die ersten Bauteile vereinfacht dargestellt näher zu bringen.

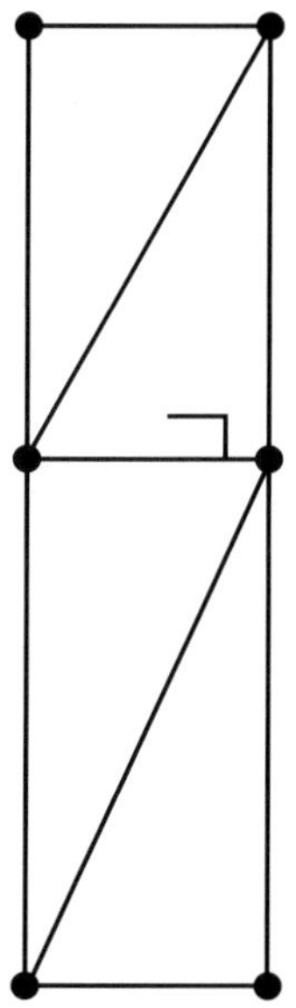

***Abbildung 20**: Beispiel einer schematischen Darstellung*

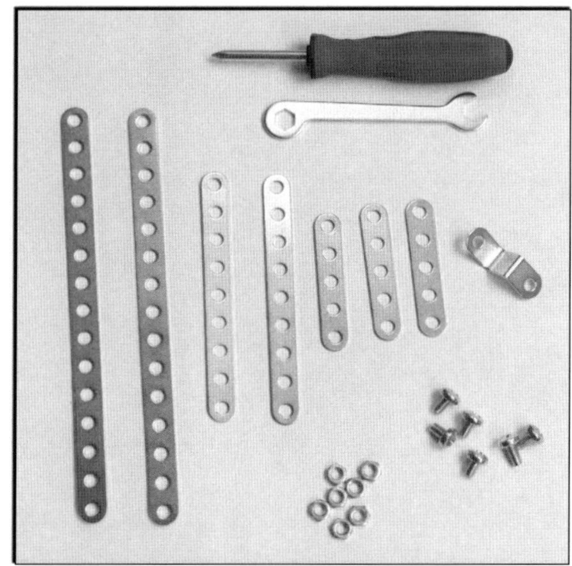

***Abbildung 21**: Bauteile für eine Gartentür*

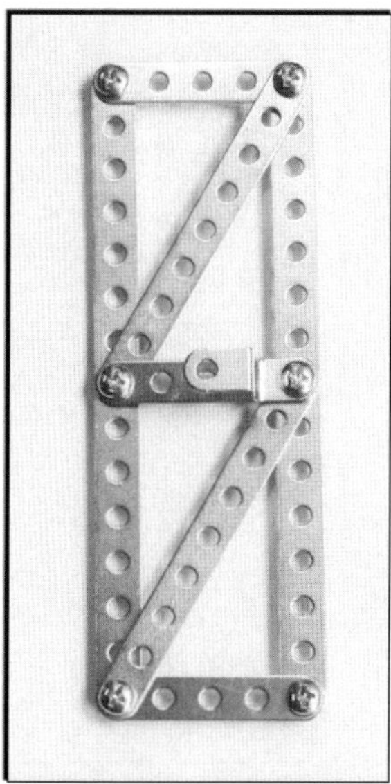

***Abbildung 22**: Beispiel einer Gartentür*

Stabile Konstruktionen – Anwendungsbeispiele

Tabelle 2: *Benötigte Bauteile für eine Gartentür*

Bauteile	Stückzahl
Flachstab 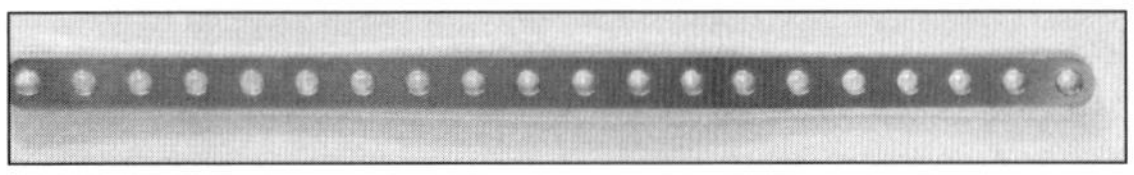 ____________	**7** 2 x 15-Lochflachstäbe 2 x 9-Lochflachstäbe 3 x 5-Lochflachstäbe
Winkelstück als Türklinke 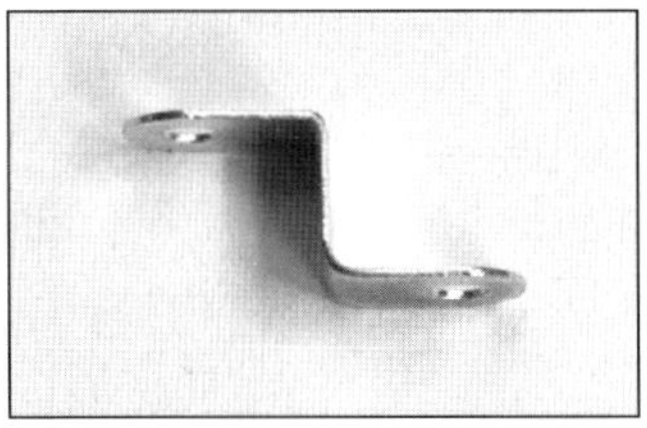	**1**
Schraube 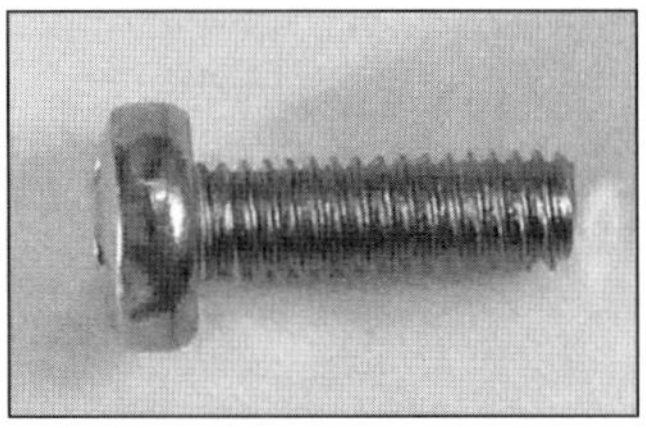	**6**
Mutter 	**7** 6 x Mutter 1 x Kontermutter für die Türklinke

Nun legen die Schüler alle benötigten Bauteile sowie Werkzeuge heraus. Der Lehrende, der Sitznachbar oder der Schüler selbst kontrolliert danach die Arbeitsmittel auf Vollständigkeit.

Bevor die Schüler mit der selbstständigen Montage beginnen, sollte noch einmal der sichere und sachgerechte Umgang mit dem Werkzeug Schraubendreher und -schlüssel demonstriert (Schülerdemonstration) und auf Einhaltung der Ordnung am Arbeitsplatz hingewiesen werden. Dann kann das eigenständige Arbeiten beginnen. Eine methodische Reihe an der Tafel kann als Hilfsmittel genutzt werden. Die Tore können von den Schülern individuell verändert/erweitert werden.

Am Ende werden alle Gartentore präsentiert. Dabei soll jeder Schüler eine Funktionsprobe seines Modells durchführen und die Schüler bewerten das Modell mithilfe der festgelegten Kriterien (Selbst-/Fremdreflexion).

Werkunterricht in der Grundschule
Konstruieren & Montieren mit Metallbaukästen – Bestell-Nr. 12 282

Realisieren stabiler Grundkonstruktionen in Modellen einfacher technischer Objekte (Schuleingangsphase)

Stabile Konstruktionen – Anwendungsbeispiele

Der Tisch

Als Einstieg könnte ein **Tisch im Raum** betrachtet werden. Daraufhin kann gemeinsam mit den Lernenden überlegt werden, mit welchen Bauteilen ein Modell davon gebaut werden kann. Der Tisch soll stabil und sicher sein.

Tabelle 3: *Benötigte Bauteile für einen Tisch*

Bauteile	Stückzahl
Flachstab	**8** 4 x 9-Lochflachstäbe 4 x 5-Lochflachstäbe
U-Platte	**1** 1 x 5•11-Loch
Schraube	**12**
Mutter	**12**

Nun legen die Schüler alle benötigten Bauteile sowie Werkzeuge heraus. Der Lehrende, der Sitznachbar oder der Schüler selbst kontrolliert danach die Arbeitsmittel auf Vollständigkeit.

Bevor die Schüler mit der selbstständigen Montage beginnen, sollte noch einmal der sichere Umgang mit dem Werkzeug Schraubendreher und -schlüssel demonstriert (Schülerdemonstration) und auf Einhaltung der Ordnung am Arbeitsplatz hingewiesen werden. Dann kann das eigenständige Arbeiten beginnen. Eine methodische Reihe an der Tafel kann als Hilfsmittel genutzt werden.

Werkunterricht in der Grundschule
Konstruieren & Montieren mit Metallbaukästen – Bestell-Nr. 12 282

Stabile Konstruktionen – Anwendungsbeispiele

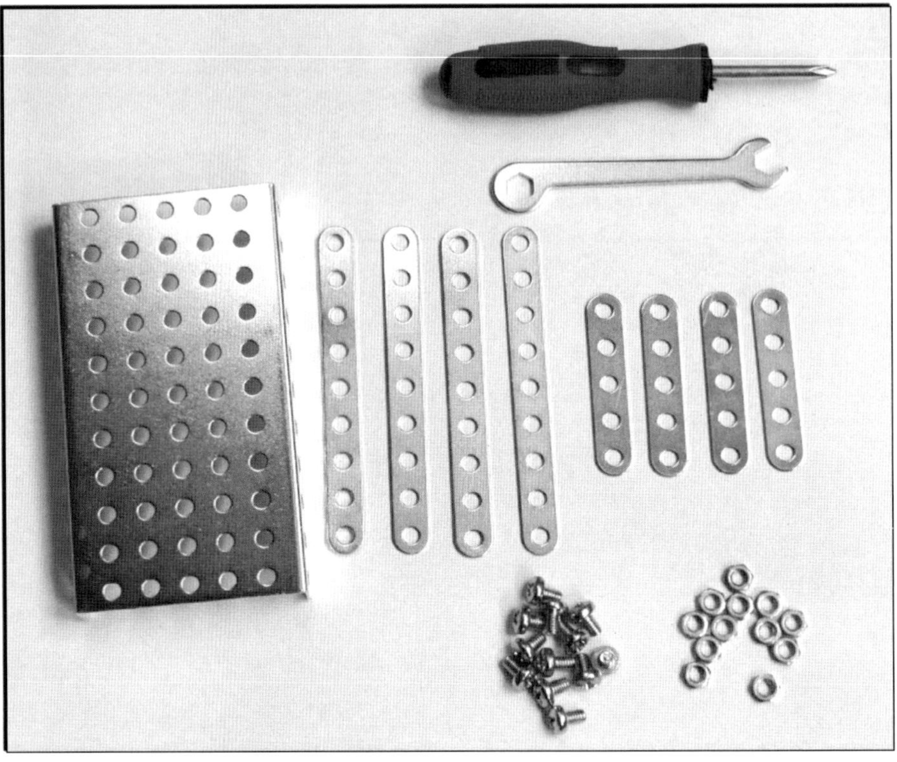

***Abbildung 23**: Bauteile für einen Tisch*

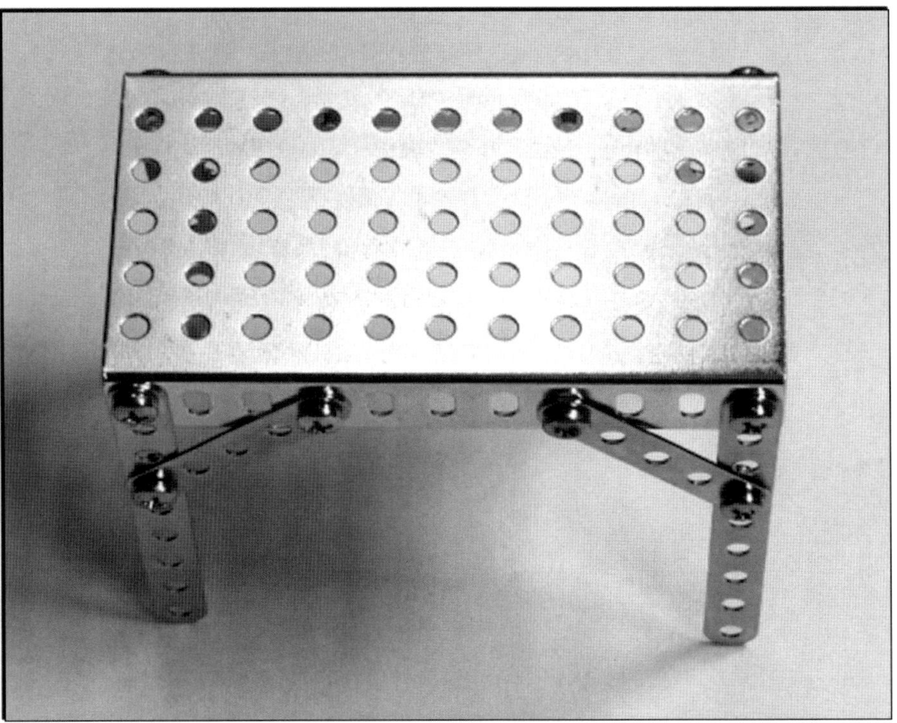

***Abbildung 24**: Beispiel für einen Tisch*

Am Ende werden alle Tische präsentiert und die Schüler bewerten die Modelle mithilfe der festgelegten Kriterien (Selbst-/Fremdreflexion).

Stabile Konstruktionen – Anwendungsbeispiele

Der Stuhl

Als Einstieg könnte ein **Stuhl im Raum** betrachtet werden. Daraufhin kann gemeinsam mit den Lernenden überlegt werden, mit welchen Bauteilen ein Modell davon gebaut werden kann. Der Stuhl soll stabil und sicher sein.

Tabelle 4: *Benötigte Bauteile für einen Stuhl*

Bauteile	Stückzahl
Flachstab	**6** 2 x 7-Lochflachstäbe 2 x 5-Lochflachstäbe 2 x 3-Lochflachstäbe
U-Stück	**1** 1 x 3-Loch
U-Platte	**1** 1 x 3•3-Loch
Schraube	**10**
Mutter	**10**

Nun legen die Schüler alle benötigten Bauteile sowie Werkzeuge heraus. Der Lehrende, der Sitznachbar oder der Schüler selbst kontrolliert danach die Arbeitsmittel auf Vollständigkeit.

Dann kann das eigenständige Arbeiten beginnen. Eine methodische Reihe an der Tafel kann als Hilfsmittel genutzt werden.

Stabile Konstruktionen – Anwendungsbeispiele

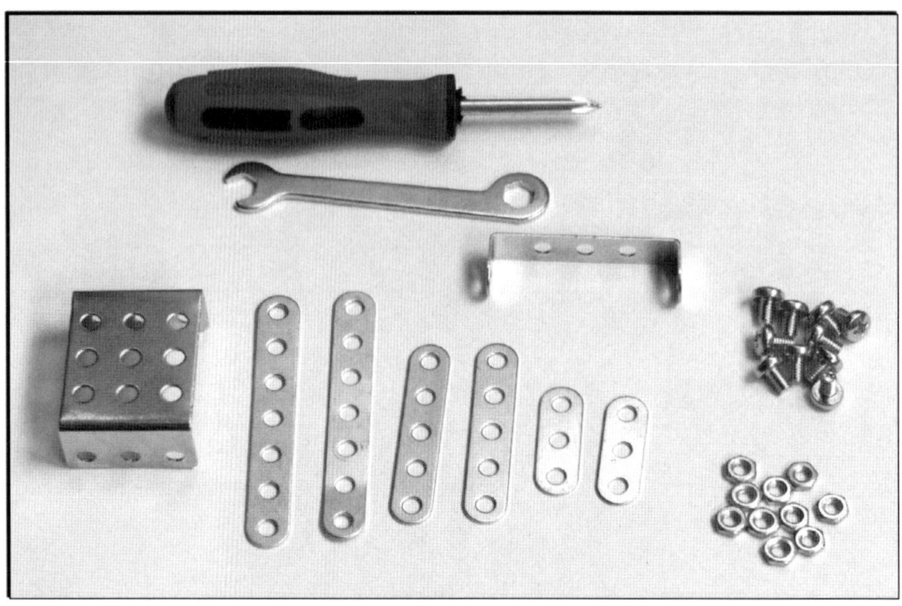

***Abbildung 25**: Bauteile für einen Stuhl*

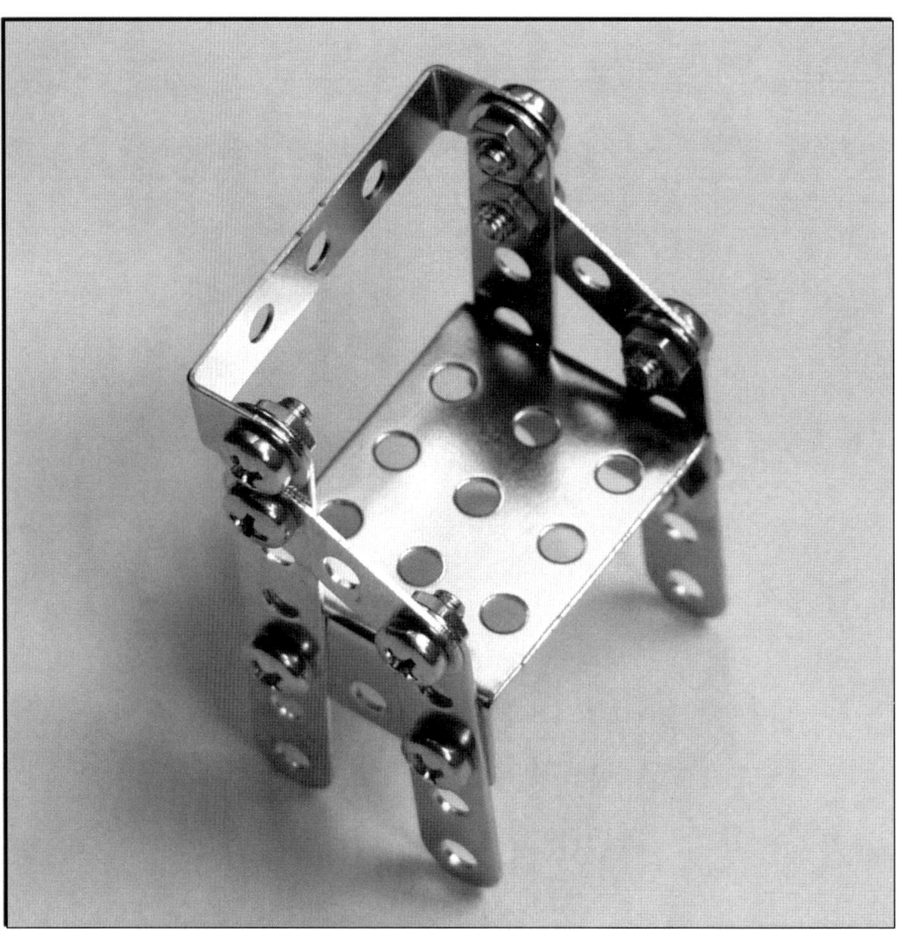

***Abbildung 26**: Beispiel für einen Stuhl*

Am Ende werden alle Tische präsentiert und die Schüler bewerten die Modelle mithilfe der festgelegten Kriterien (Selbst-/Fremdreflexion).

Stabile Konstruktionen – Anwendungsbeispiele

Die Leiter

Als Einstieg könnte den Schülern beispielsweise folgende ***Problemstellung*** gestellt werden:

„Bei Paula ist zu Hause die Glühlampe im Kinderzimmer kaputt gegangen. Ihr Papa will die Lampe wechseln. Die Decke ist sehr hoch und ein Stuhl genügt nicht, um an die Lampe heranzukommen. Was kann Paulas Papa tun, um an die Decke zu gelangen?“

Die Schüler sollen das Hilfsmittel Leiter nennen. Nun muss mit den Schülern überlegt werden, welche Arten von Leitern es gibt. (Bilder für die Tafel sollten bereit gehalten werden.)

Beispielsweise gibt es die Stehleiter sowie die Anlegeleiter. Da eine Anlegeleiter eine Wand benötigt, um stehen zu können, ist sie für das Wechseln der Glühlampe ungeeignet. Die Leiter sollte allein stehen können. Daher ist eine Stehleiter geeigneter.

Das Begleitheft des Metallbaukastens von eitech beinhaltet eine Bauvorlage einer Stehleiter. Wer diese nutzen möchte, könnte sich gemeinsam mit den Lernenden diese bildliche Darstellung des Modells anschauen und mit ihnen besprechen, worauf bei der Montage zu achten ist. Danach könnten die Schüler sofort und eigenständig an die Arbeit gehen.

Alternativ kann mithilfe des Leiterbildes, einer schematischen Darstellung oder eines Lehrermodells zusammengetragen werden, welche Bauteile für die Leiter benötigt werden.

An einem Lehrermodell kann mit den Schülern besprochen werden, was wichtig ist, um die Leiter stabil und sicher zu konstruieren. Die Dreieckskonstruktion wird noch einmal genau betrachtet. Eine Stehleiter kann zudem zusammengeklappt werden, um sie platzsparend zu verstauen. Die Gelenke der Leiter werden mit den Lernenden thematisiert. Damit das Gelenk stabil und sicher ist, ist es wieder erforderlich, eine Kontermutter (eine Gegenmutter) zu nutzen. Dies sollte mit den Schülern noch einmal genau besprochen und die sachgerechte Montage durch eine Lehrer- oder Schülerdemonstration wiederholt werden.

***Abbildung 27**: Kontermuttern am Gelenk der Stehleiter*

Stabile Konstruktionen – Anwendungsbeispiele

***Tabelle 5**: Benötigte Bauteile für eine Stehleiter*

Bauteile	Stückzahl
Flachstab	**8** 2 x 20-Lochflachstäbe 2 x 15-Lochflachstäbe 2 x 9-Lochflachstäbe 2 x 5-Lochflachstäbe
Bogenflachstab	**1**
Flachwinkel	**2** 2 x 3-Loch
Winkelstück	**4**
U-Stück	**6** 6 x 3-Loch
Schraube	**26**
Mutter	**30**

KOHL VERLAG Werkunterricht in der Grundschule Konstruieren & Montieren mit Metallbaukästen – Bestell-Nr. 12 282

Stabile Konstruktionen – Anwendungsbeispiele

Nun legen die Schüler alle benötigten Bauteile sowie Werkzeuge heraus. Der Lehrende, der Sitznachbar oder der Schüler selbst kontrolliert danach die Arbeitsmittel auf Vollständigkeit.

Dann kann das eigenständige Arbeiten beginnen. Eine methodische Reihe an der Tafel kann als Hilfsmittel genutzt werden.

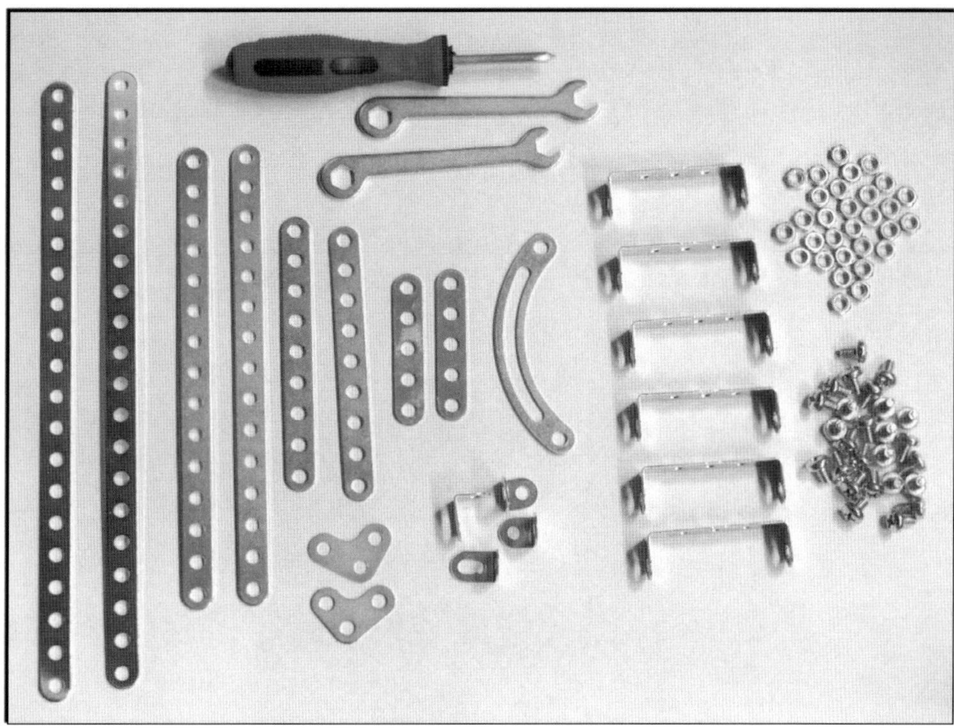

***Abbildung 28**: Bauteile für eine Stehleiter*

Am Ende werden alle Leitern präsentiert und die Schüler bewerten das Modell mithilfe der festgelegten Kriterien (Selbst-/Fremdreflexion).

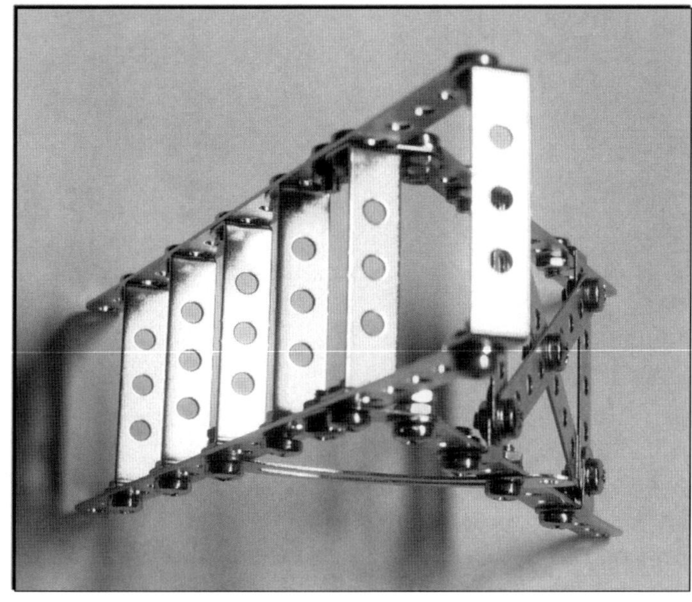

***Abbildung 29**: Beispiel für eine Stehleiter*

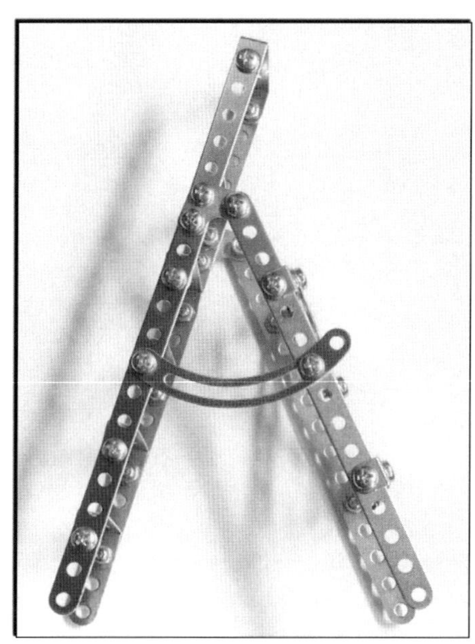

***Abbildung 30**: Beispiel für eine Stehleiter*

KOHL VERLAG Werkunterricht in der Grundschule Konstruieren & Montieren mit Metallbaukästen – Bestell-Nr. 12 282

Stabile Konstruktionen – Anwendungsbeispiele

Die Brücke

Um das technische Gebilde Brücke einzuführen, könnte eine ***Problemstellung*** mit blauem Buntpapier und einem Spielzeugauto für die Schüler nachgestellt werden.

Das Auto steht auf einmal vor einem Fluss und kommt nicht auf die andere Seite. Welches technische Gebilde fehlt an dieser Stelle? Die Schüler benennen die Brücke. An dieser Stelle kann überlegt werden, welche Arten von Brücken es gibt. (Bilder sollten wieder bereitgehalten werden). Die Schüler könnten die Fußgänger-, Autobahn-, Zugbrücke u. a. benennen. Brücken sollen also zum Beispiel über Gewässer, über Täler oder über Autobahnen führen.

Mit den Lernenden wird besprochen, welche Kriterien eine Brücke erfüllen muss – sie muss stabil und sicher sein.

Dieses Modell eignet sich sehr gut zum freien Bauen. In Einzelarbeit können kleinere Brücken, in Partnerarbeit größere Brücken in einer Doppelstunde entstehen.

Wichtig ist wieder die Dreieckskonstruktion zur Stabilität.

***Abbildung 31**: Beispiel für ein Brückenmodell*

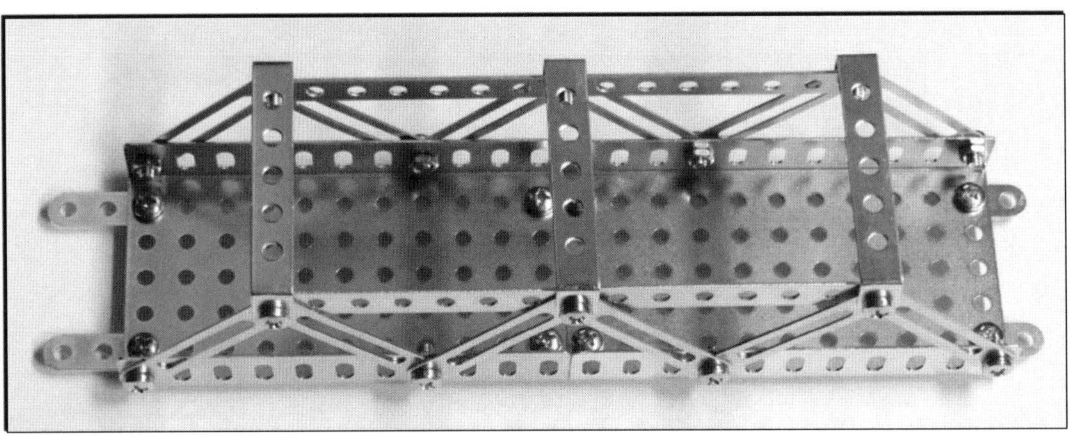

***Abbildung 32**: Beispiel für ein Brückenmodell*

Die zweite, komplexere Bücke wird im Folgenden vorgestellt. Schülern, die sich mit dem freien Bauen schwer tun, könnten Bilder der Brücken oder eine methodische Reihe zur Differenzierung/Hilfestellung zur Verfügung gestellt werden.

Am Ende werden wieder alle Modelle erprobt, präsentiert und bewertet. Das Matchboxauto aus dem Stundeneinstieg könnte alle Brücke befahren, um über den Fluss zu gelangen.

Werkunterricht in der Grundschule
Konstruieren & Montieren mit Metallbaukästen – Bestell-Nr. 12 282

Stabile Konstruktionen – Anwendungsbeispiele

***Tabelle 6**: Benötigte Bauteile für eine Brücke*

Bauteile	Stückzahl
Flachstab	**4** 2 x 25-Lochflachstäbe 2 x 15-Lochflachstäbe
Flachstab	**12** 12 x 2-Loch
U-Platte	**2** 3 x 5•11-Loch
U-Stück	**3** 3 x 5-Loch
Schraube	**22**
Mutter	**22**

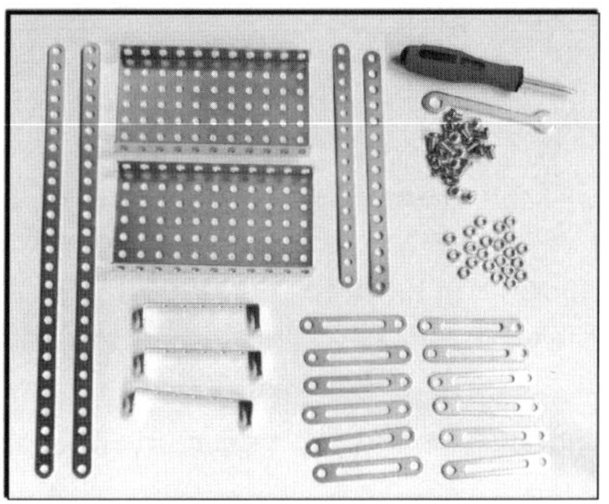

***Abbildung 33**: Bauteile für eine Brücke*

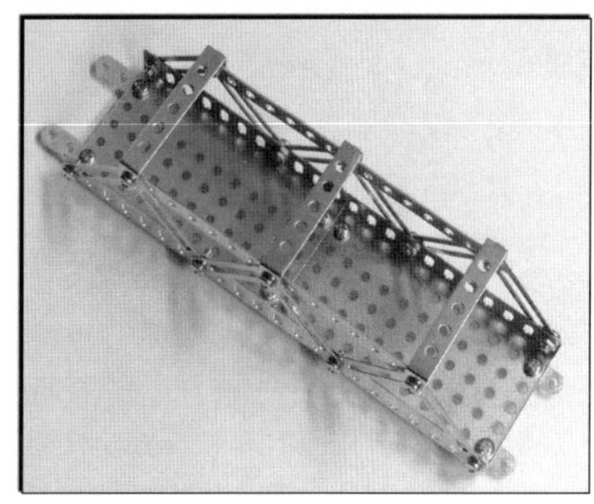

***Abbildung 34**: Beispiel für eine Brücke*

KOHL VERLAG Werkunterricht in der Grundschule Konstruieren & Montieren mit Metallbaukästen – Bestell-Nr. 12 282

Stabile Konstruktionen – Anwendungsbeispiele

Die Schaukel

Um dieses technische Gebilde einzuführen, könnte ein **Lehrermodell** einer Schaukel den Schülern vorgestellt werden.

***Abbildung 35**: Beispiel für ein Einstiegsmodell*

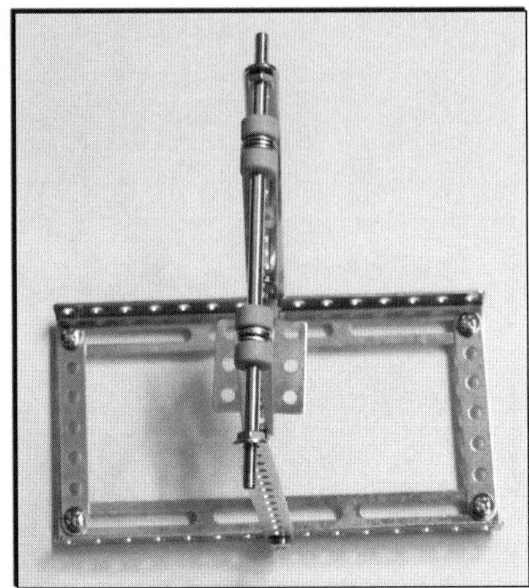

***Abbildung 36**: Beispiel für ein Einstiegsmodell*

Es wäre auch möglich, eine kleine Figur auf dem Modell schaukeln zu lassen. Die Schüler sollen das Modell auf Stabilität und Sicherheit beurteilen. Dabei soll ihnen auffallen, dass die Schaukel beide Kriterien nicht erfüllt. Es fehlen die Dreiecksverbindungen. Die Schüler sollen Ideen vorbringen, wie das Modell umzubauen ist, damit es die oben genannten Kriterien erfüllt. Folgende Variante wäre dabei eine Möglichkeit, um die Schaukel sicher und stabil zu montieren.

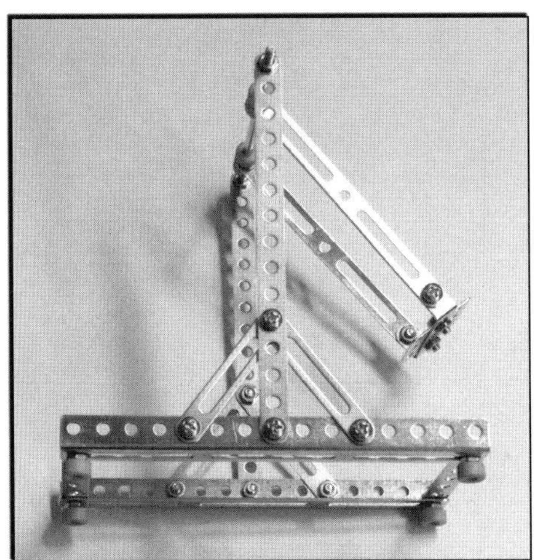

***Abbildung 37**: Schaukel mit stabiler Dreieckskonstruktion*

Danach sollen die Schüler dieses Modell nachbauen. Dabei könnte, wenn vorhanden, wieder die Bauanleitung von eitech genutzt werden. Doch auch das Nachbauen eines Lehrermodells ist eine Anforderung des Lehrplanes in Thüringen. Je nach Klassenstärke können hierfür auch mehrere Anschauungsmodelle vorbereitet oder wieder eine methodische Reihe genutzt werden.

Als Unterstützung könnte wieder eine Übersicht aller Bauteile mit den Schülern gemeinsam an der Tafel gesammelt werden.

Werkunterricht in der Grundschule
Konstruieren & Montieren mit Metallbaukästen – Bestell-Nr. 12 282

Stabile Konstruktionen – Anwendungsbeispiele

Tabelle 7: *Benötigte Bauteile für eine Schaukel*

Bauteile	Stückzahl
Flachstab	**4** 2 x 15-Lochflachstäbe 2 x 7-Lochflachstäbe
Flachstab	**6** 2 x 3-Lochflachstäbe 4 x 2-Lochflachstäbe
Rundstab	**1**
Winkelstab	**2** 2 x 15-Loch
U-Stück	**1** 1 x 3-Loch
Quadratplatte/Lochplatte	**1** 1 x 3•3-Loch
Elastikstellring	**8**
Unterlegscheibe	**4**
Schraube	**16**
Mutter	**20**

Werkunterricht in der Grundschule
Konstruieren & Montieren mit Metallbaukästen – Bestell-Nr. 12 282
KOHL VERLAG

Stabile Konstruktionen – Anwendungsbeispiele

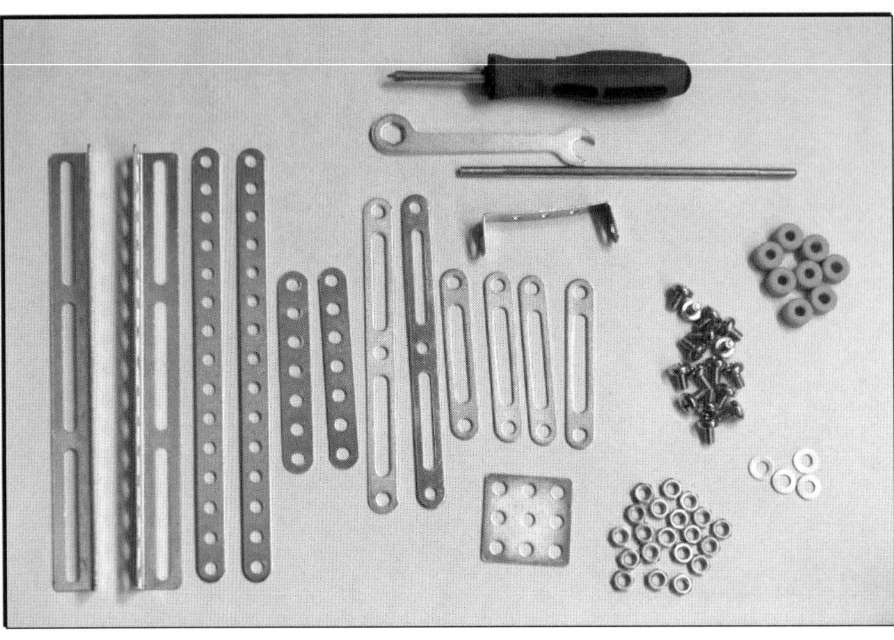

Abbildung 38: *Bauteile für eine Schaukel*

Am Ende führen die Lernenden wieder eine Funktionsprobe durch und bewerten ihre Modelle (Selbst-, Fremdbewertung) auf Stabilität und Sicherheit.

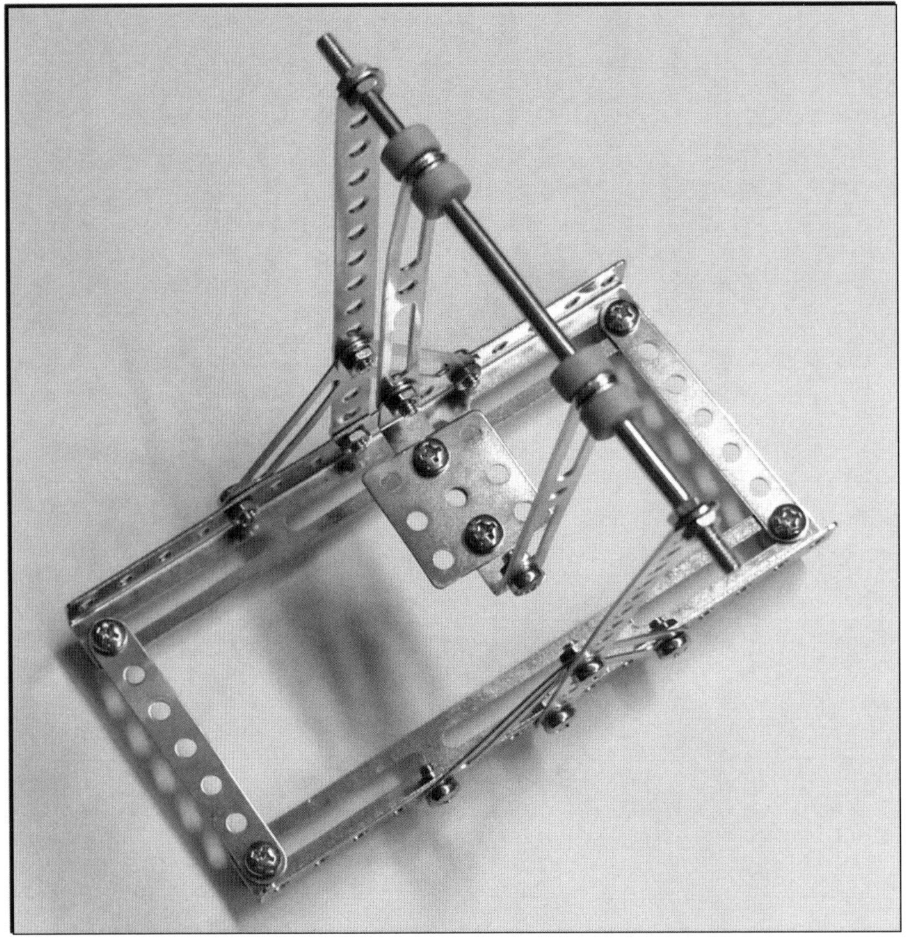

Abbildung 39: *Beispiel für eine Schaukel*

Stabile Konstruktionen – Anwendungsbeispiele

Weitere Modelle mit stabilen Grundkonstruktionen

Als Abschlussstunde zu diesem Lernbereich kann mit den Schülern überlegt werden, welche weiteren technischen Gebilde es mit stabilen Grundkonstruktionen gibt. Weitere Beispiele wären der Klapphocker, das Verkehrszeichen, das Baugerüst, der Sägebock u.a. Bilder für die Tafel können dabei wieder zum Einsatz kommen. Die Schüler könnten sich in Einzel-, Partner- oder Gruppenarbeit ein oder mehrere Modelle aussuchen, das/welche sie nach vorgegebenen Kriterien bauen möchten.

Am Ende der Stunde werden alle Modelle vorgeführt und auf Stabilität sowie Sicherheit bewertet.

***Abbildung 40**: Beispiel für einen Sägebock*

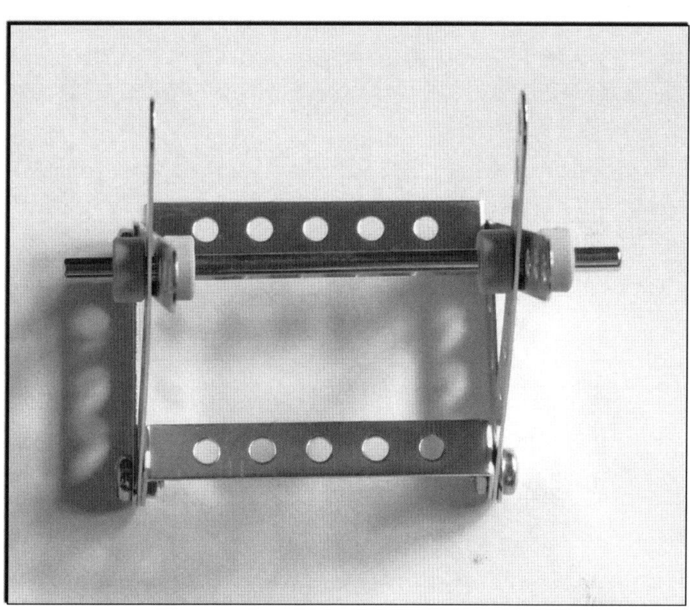

***Abbildung 41**: Beispiel für einen Sägebock*

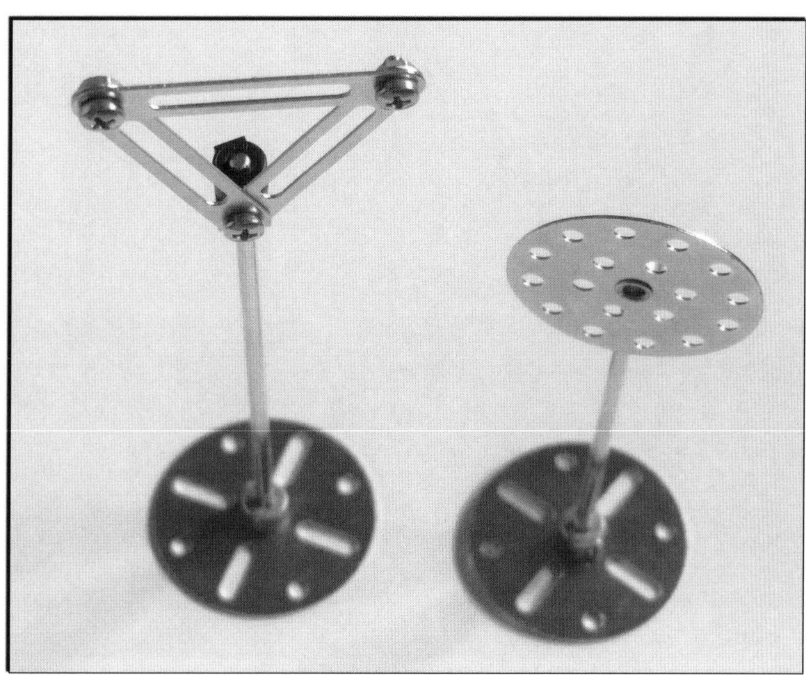

***Abbildung 42**: Beispiele für Verkehrszeichen*

KOHL VERLAG Werkunterricht in der Grundschule Konstruieren & Montieren mit Metallbaukästen – Bestell-Nr. 12 282

Einachsige Fahrzeuge/zweiachsige Fahrzeuge ohne Lenkung

Dieser Lernbereich gehört ebenso in die Jahrgangsstufen 1/2 und wird meist in der 2. Klasse umgesetzt. Den Schülern begegnen täglich Transportmittel verschiedener Art. Ob Busse, Autos, Fahrräder, Roller, Anhänger, Schubkarren u.a. Jeder Lernende hat bereits eins dieser Fahrzeuge selbst bedient und ist mit einem mitgefahren. Sie sind aus unserer mobilen Welt nicht mehr wegzudenken.

In diesem Lernbereich sollen sich die Schüler mit Achse und Rad vertraut machen. Dabei wird zwischen ein- und zweiachsigen Fahrzeugen unterschieden. Zunächst sollen sich die Schüler mit Fahrzeugen ohne Lenkung auseinandersetzen (z.B. die Schubkarre), um später Fahrzeuge mit Lenkung (z.B. Roller) montieren zu können. Die Schüler sollen lernen, Räder auf der Achse sicher zu befestigen (beispielsweise durch eine Kontermutter). Sind nicht genügend Rundstäbe mit Gewinde vorhanden, können die Räder auch auf Rundstäben ohne Gewinde mithilfe von Stellringen sicher befestigt werden. Die Montage einer Kontermutter sollten die Schüler jedoch beherrschen. Hierbei werden Mutter und Gegenmutter gegeneinander als Sicherung verdreht.

In der Auswertung, bei der die Schüler ihre Modelle auf Funktionstüchtigkeit und Sicherheit testen, können als Bewertungsmittel zum Beispiel TÜV-Plaketten für die Fahrzeuge vergeben werden (ausgedruckt und ausgeschnitten). Mit den Schülern kann dabei besprochen werden, was denn ein TÜV ist. (Abkürzung: Technischer Überwachungsverein, technische Sicherheitskontrolle, die Hauptuntersuchung für Kraftfahrzeuge).

Schüler	Kriterien				Punkte gesamt (4)	TÜV-Plakette
	bewegliche Vorderachse (1)	sichere Vorderachse (1)	bewegliche Räder (1)	sichere Räder (1)		

***Abbildung 43**: Beispiel zum Festhalten von Lehrernotizen*

***Tipp**: Eine Bewertungstabelle finden Sie am Ende des Werkes als Kopiervorlage.*

4 Konstruieren und Montieren von Modellen technischer Objekte zum Transport von Menschen und Gütern – Fahrzeugbau (Schuleingangsphase)

Einachsige Fahrzeuge/zweiachsige Fahrzeuge ohne Lenkung

Zuerst werden Fahrzeuge mit den Schülern besprochen, bei denen ausschließlich starre Achsen verbaut sind. Dazu gehören beispielsweise die Schubkarre, der Kinderwagen oder eine Sackkarre. Der Fokus liegt auf den sicher, jedoch beweglich auf der Achse befestigten Rädern (Kontermutter).

Der Fahrradanhänger/Wagenanhänger

Als erstes Modell bietet sich ein einachsiger Anhänger an. Er ist aus wenigen Bauteilen zu montieren und das Lagern der Räder an der Achse kann in den Mittelpunkt gerückt werden. Zu Beginn können die Schüler überlegen, welche Arten von Anhängern es gibt: Fahrradanhänger, PKW-Anhänger, Anhänger in der Landwirtschaft u.a. (Bilder für die Tafel sollten bereitgehalten werden). Die Schüler können an den Anhängern mithilfe der Bilder wichtige Baugruppen suchen und evtl. bereits benennen (z.B. das Fahrgestell).

Mithilfe der Bilder kann mit den Schülern gemeinsam besprochen werden, welche Bauteile für einen einachsigen Anhänger benötigt werden, um eine Übersicht anzufertigen. Es werden nacheinander die Bauteile für die Baugruppen Wagenkasten, Fahrgestell und Deichsel bestimmt. Die Deichsel ist eine Zugvorrichtung an dem gezogenen Fahrzeug. Bei diesem Anhänger mit einer zentral angeordneten Achse ist sie fest mit dem Fahrzeug verbunden.

Tabelle 8: *Benötigte Bauteile für einen Fahrradanhänger ohne Lenkung*

Bauteile	Stückzahl
U-Platte	**1** 1 x 5•11-Loch
Rundstab	**1**
Rad	**2**

Werkunterricht in der Grundschule
Konstruieren & Montieren mit Metallbaukästen – Bestell-Nr. 12 282
KOHL VERLAG

Einachsige Fahrzeuge/zweiachsige Fahrzeuge ohne Lenkung

Tabelle 8: *Benötigte Bauteile für einen Fahrradanhänger ohne Lenkung*

Bauteile	Stückzahl
Flachstab	1 1x 9-Lochflachstab
U-Stück	1 1 x 5-Loch
Schraube	4
Mutter	8

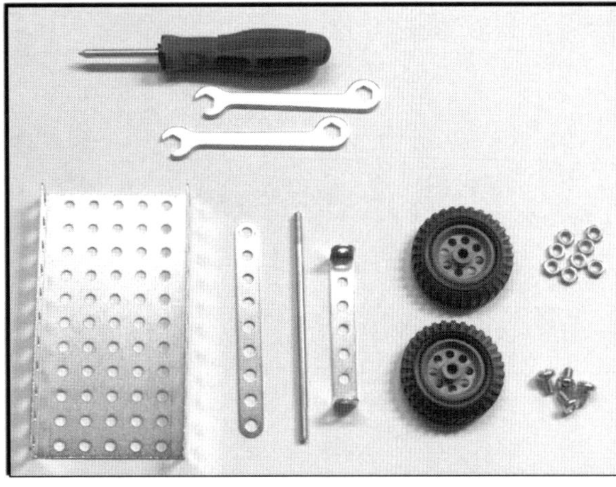

Abbildung 44: *Bauteile für einen Fahrradanhänger ohne Lenkung*

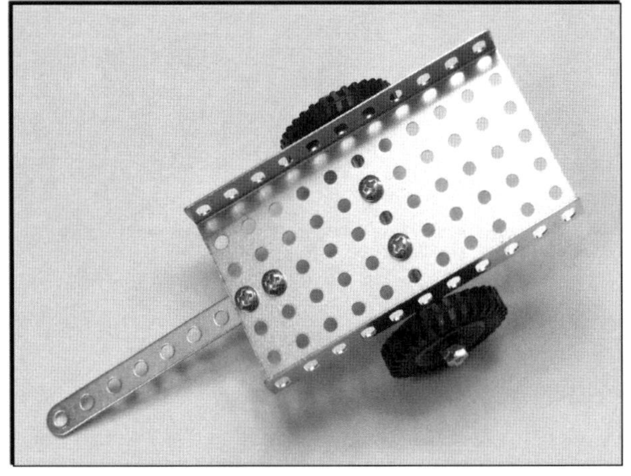

Abbildung 45: *Beispiel für einen Fahrradanhänger ohne Lenkung*

Am Ende führen die Lernenden eine Funktionsprobe durch und bewerten ihre Modelle (Selbst-, Fremdbewertung) auf Sicherheit und Funktionalität (Kreativität...). Die Schüler können dafür eine TÜV-Plakette erhalten (grün-gelb-rot).

Werkunterricht in der Grundschule
Konstruieren & Montieren mit Metallbaukästen – Bestell-Nr. 12 282

Einachsige Fahrzeuge/zweiachsige Fahrzeuge ohne Lenkung

Die Schubkarre

Bei der Schubkarre könnte folgende ***Problemstellung*** als Unterrichtseinstieg stehen:

„Paul ist mit seinem Opa im Garten. Sie wollen neue Muttererde auf dem Gemüsebeet verteilen. Ein großer, schwerer Sack befindet sich im Auto. Der Weg zwischen Auto und Beet ist sehr weit und das Auto kann leider nicht in das Gartengrundstück hineinfahren. Habt ihr eine Idee, wie die beiden die Erde transportiert bekommen, ohne sich zu verheben?“

Vielleicht gibt es noch zwei Spielfiguren sowie einen großen Sack, um die Situation anschaulicher zu gestalten.

Die Schüler nennen das technische Gebilde Schubkarre. (Ein Bild für die Tafel sollte wieder vorhanden sein.) Gemeinsam wird mit den Schülern überlegt, welche Bauteile für das Modell benötigt werden. Ein vorbereitetes Lehrermodell kann zudem zur Veranschaulichung/Hilfestellung genutzt werden.

Da die Rundstäbe nicht in allen Längen mit Gewinde vorhanden sind, muss zum Teil auch mit Elastikstellringen/Stellringen gearbeitet werden. Auch diese Bauteile können Räder auf der Achse sicher lagern. Das Verbauen von Stellringen sollte den Schülern demonstriert werden. Hierfür wird ein Schlitzschraubendreher benötigt.

Tabelle 9*: Benötigte Bauteile für eine Schubkarre*

Bauteile	Stückzahl
Rundstab	1
Elastikstellring	4
Flachstab	**10** 2 x 15-Lochflachstäbe 2 x 9-Lochflachstäbe 2 x 7-Lochflachstäbe 4 x 5-Lochflachstäbe
Stellring	2
Rad	1

KOHL VERLAG Werkunterricht in der Grundschule Konstruieren & Montieren mit Metallbaukästen – Bestell-Nr. 12 282

Einachsige Fahrzeuge/zweiachsige Fahrzeuge ohne Lenkung

Tabelle 9: *Benötigte Bauteile für eine Schubkarre*

Bauteile	Stückzahl
Lochplatte	**1** 1 x 3•7-Loch
U-Stück	**4** 4 x 3-Loch
Schraube	**14**
Mutter	**14**

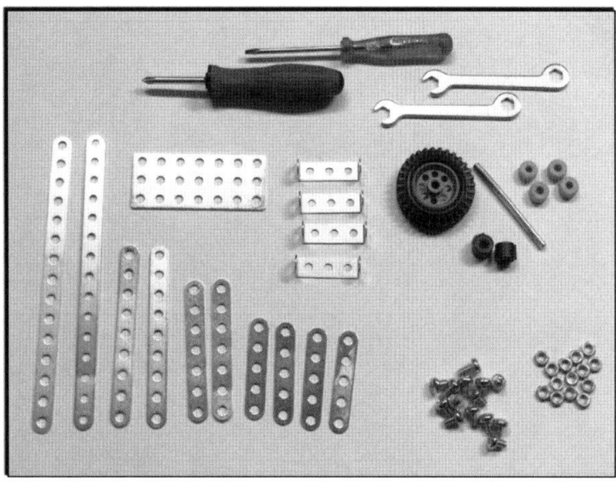

Abbildung 46: *Bauteile für eine Schubkarre*

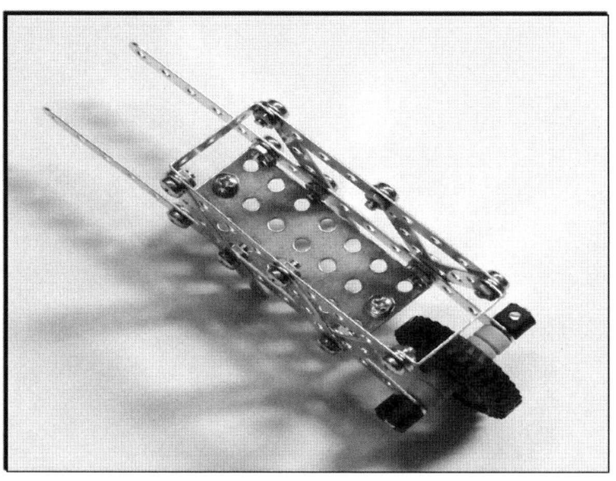

Abbildung 47: *Beispiel für eine Schubkarre*

Am Ende führen die Lernenden eine Funktionsprobe durch. Dafür können verschiedene Lasten transportiert und das Modell vorgeführt werden. Danach erfolgt die Bewertung anhand der festgelegten Kriterien. Die Schüler können dafür wieder eine TÜV-Plakette erhalten (grün-gelb-rot).

Werkunterricht in der Grundschule
Konstruieren & Montieren mit Metallbaukästen – Bestell-Nr. 12 282

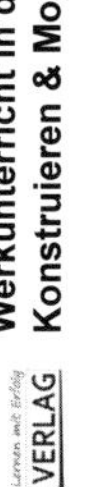

Einachsige Fahrzeuge/zweiachsige Fahrzeuge ohne Lenkung

Die Sackkarre

Bei der Sackkarre könnte folgende ***Problemstellung*** als Unterrichtseinstieg stehen:

„Die Eltern von Emil ziehen in eine neue Wohnung. Die Waschmaschine muss in der neuen Wohnung in den 5. Stock. Es gibt keinen Aufzug und das Gerät ist sehr schwer. Welches Hilfsmittel könnten die Umzugshelfer nutzen, um die Waschmaschine leichter in die neue Wohnung zu transportieren?"

Vielleicht gibt es noch zwei Spielfiguren sowie ein schweres, metallisches Gebilde, um die Situation anschaulicher zu gestalten.

Die Schüler nennen das technische Gebilde Sackkarre. (Ein Bild für die Tafel sollte wieder vorhanden sein.) Gemeinsam wird mit den Schülern überlegt, welche Bauteile für das Modell benötigt werden. Ein vorbereitetes Lehrermodell kann zudem zur Veranschaulichung/Hilfestellung genutzt werden.

Tabelle 10: *Benötigte Bauteile für eine Sackkarre*

Bauteile	Stückzahl
Rundstab	1
Elastikstellring	2
Rad	2
U-Stück	2 2 x 5-Loch
Flachstab	4 2 x 15-Lochflachstäbe 2 x 7-Lochflachstäbe

KOHL VERLAG Werkunterricht in der Grundschule Konstruieren & Montieren mit Metallbaukästen – Bestell-Nr. 12 282

Konstruieren und Montieren von Modellen technischer Objekte zum Transport von Menschen und Gütern – Fahrzeugbau (Schuleingangsphase)

Einachsige Fahrzeuge/zweiachsige Fahrzeuge ohne Lenkung

Tabelle 9*: Benötigte Bauteile für eine Schubkarre*

Bauteile	Stückzahl
U-Platte	**1** 1 x 5•5-Loch
Flachwinkel	**2** 2 x 3-Loch
Schraube	**12**
Mutter	**16**

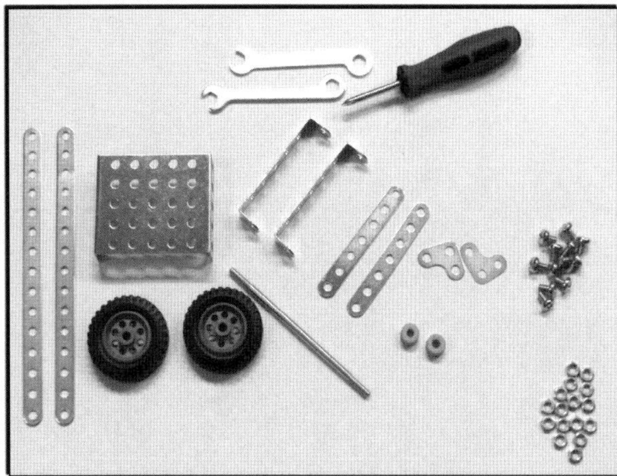

Abbildung 48*: Bauteile für eine Sackkarre*

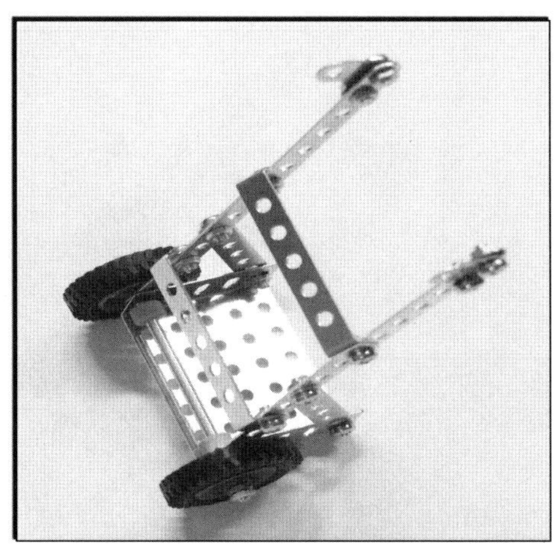

Abbildung 49*: Beispiel für eine Sackkarre*

Am Ende führen die Lernenden eine Funktionsprobe durch. Dafür können verschiedene Lasten transportiert und das Modell vorgeführt werden. Anschließend erfolgt die Bewertung anhand der festgelegten Kriterien. Die Schüler können dafür wieder eine TÜV-Plakette erhalten (grün-gelb-rot).

Einachsige Fahrzeuge/zweiachsige Fahrzeuge ohne Lenkung

Weitere Fahrzeuge ohne Lenkung

Bevor lenkbare Fahrzeuge eingeführt werden, könnte als Abschlussstunde für Fahrzeuge ohne Lenkung eine freiere Stunde gestaltet werden. Ob Kinderwagen, Einkaufswagen, Gepäck-/ Kofferwagen oder ein fantasievoller Rennwagen – all diese technischen Gebilde zählen zu den zweiachsigen Fahrzeugen und können ohne Lenkung montiert werden. Bilder für die Tafel können dabei wieder zum Einsatz kommen. Die Schüler könnten sich in Einzel-, Partner- oder Gruppenarbeit ein Modell aussuchen, das sie nach vorgegebenen Kriterien bauen möchten. Am Ende der Stunde werden alle Modelle vorgeführt und mithilfe von TÜV-Plaketten bewertet.

Abbildung 50: *Beispiel für einen Kinderwagen*

Abbildung 51: *Beispiel für einen Kinderwagen*

Abbildung 52: *Beispiel für einen Kofferwagen*

Abbildung 53: *Beispiel für einen Kofferwagen*

Fahrzeuge mit Lenkung

Um einen Einstieg in lenkbare Fahrzeuge zu schaffen, könnte den Schülern folgende Problemsituation demonstriert werden: *Ein Auto mit starrer Vorderachse will eine sehr kurvige Straße passieren.* Die Lernenden sollen dadurch die Notwendigkeit einer Lenkung (drehbare Vorderachse) ableiten. Danach kann mit den Schülern überlegt werden, welche Fahrzeuge sie mit Lenkung kennen: Roller, Fahrzeuganhänger, Dreirad, Motorrad, Auto u.a.

Der lenkbare Fahrzeuganhänger – Einführung der Drehschemellenkung

Der Fahrzeuganhänger bietet sich als Einstieg in lenkbare Fahrzeuge an, da die Schüler gegebenenfalls bereits einen Anhänger ohne Lenkung montiert haben und ihnen die benötigten Bauteile und Baugruppen bereits bekannt sind. Dieser Anhänger soll nun ein Drehgelenk erhalten, er soll in diesem Fall mit einer Drehschemellenkung (Bezug zu einem Schemel herstellen, die meisten Schüler werden den Begriff „Schemel" (Hocker) nicht mehr kennen) konstruiert werden. Diese Lenkung stellt die einfachste Art her, zweispurige Fahrzeuge zu lenken. Die Schüler nennen Beispiele für Anhänger, bei denen eine lenkbare Vorderachse notwendig ist. (Bilder für die Tafel sollten wieder bereitgehalten werden.) Mit den Schülern wird besprochen, dass es sich um ein zweispuriges Fahrzeug handelt, welches bewegliche und auf der Achse liegende Räder besitzt. Ein Lehrermodell eines Anhängers ohne lenkbare Vorderachse kann eingesetzt werden, um mit den Schülern gemeinsam zu überlegen, auf welche Weise das Fahrzeug lenkbar gestaltet werden kann. Die Montage der **Drehschemellenkung** wird durch den Lehrenden demonstriert und auf die Notwendigkeit einer Kontermutter aufmerksam gemacht. Da die Vorderachse beweglich ist, sollten die Fahrgestelle mit Abstand zum Wagenkasten montiert werden. Hierfür eignen sich Stellringe. Beide Baugruppen müssen dann jedoch durch längere Schrauben miteinander verbunden werden.

Mit den Schülern wird gemeinsam besprochen, welche Bauteile für welche Baugruppen benötigt werden. Zudem sollte auf eine Montagereihenfolge hingewiesen und diese beispielsweise wieder durch eine methodische Reihe oder durch Benennung der Baugruppen festgehalten werden. Die Schüler legen sich dann selbstständig Werkzeug und Bauteile heraus und montieren ihren Anhänger eigenständig.

KOHL VERLAG Werkunterricht in der Grundschule Konstruieren & Montieren mit Metallbaukästen – Bestell-Nr. 12 282

5 Einachsige Fahrzeuge/zweiachsige Fahrzeuge mit Lenkung

Fahrzeuge mit Lenkung

Tabelle 11: *Benötigte Bauteile für einen Anhänger mit Lenkung*

Bauteile	Stückzahl
Rundstab	**2**
Stellring	**3**
Rad	**4**
U-Stück	**2** 2 x 5-Loch
Flachstab	**2** 2 x 9-Lochflachstäbe
U-Platte	**1** 1 x 5•11-Loch
Schraube	**6**
Mutter	**15**

KOHL VERLAG
Werkunterricht in der Grundschule
Konstruieren & Montieren mit Metallbaukästen – Bestell-Nr. 12 282

Fahrzeuge mit Lenkung

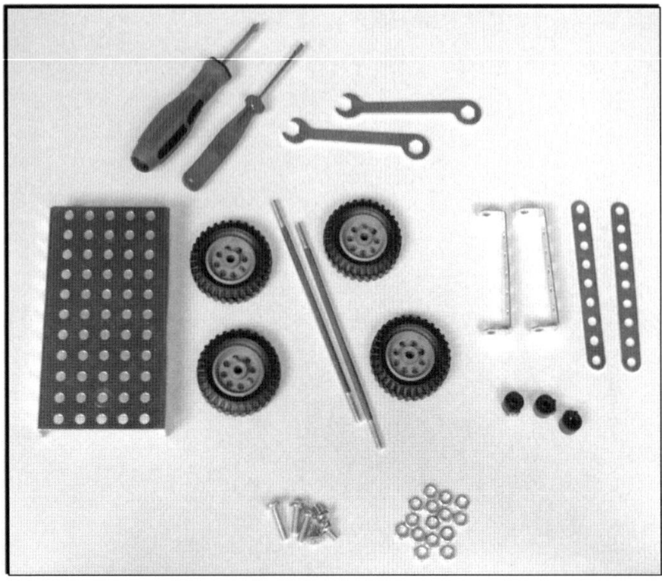
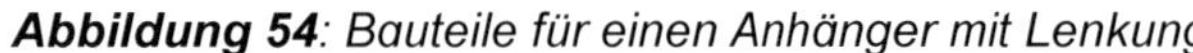

Abbildung 54*: Bauteile für einen Anhänger mit Lenkung*

Abbildung 55*: Beispiel für einen Anhänger mit Lenkung*

Am Ende führen die Lernenden eine Funktionsprobe durch. Dafür können verschiedene Lasten transportiert und das Modell vorgeführt werden. Danach erfolgt die Bewertung anhand der festgelegten Kriterien.

Die Schüler können dafür wieder eine TÜV-Plakette erhalten (grün-gelb-rot).

TÜV-Kriterien könnten dabei sein:

- bewegliche Verbindung mit Kontermutter sichern
- Räder mit Kontermutter sichern
- bewegliche Vorderachse
- bewegliche Räder
- Deichsel fest mit vorderem Fahrgestell verbunden

Auch die Arbeitsweise der Schüler sollte besprochen und ausgewertet werden.

Werkunterricht in der Grundschule
Konstruieren & Montieren mit Metallbaukästen – Bestell-Nr. 12 282

Fahrzeuge mit Lenkung

Die Seifenkiste

Die Seifenkiste, ein Kinderautomobil, ist ähnlich wie der gerade beschriebene Anhänger konzipiert. Auch sie kann nicht durch ein Lenkrad gesteuert werden. Die Vorderachse wird wieder als Ganzes geschwenkt und es wird wieder eine **Drehschemellenkung** verbaut. Gesteuert werden kann die Seifenkiste beispielsweise mit Hilfe von Lenkseilen.

Als Einstieg könnten verschiedene **Bilder** von Seifenkisten an der Tafel aufgehängt werden. *Welcher Schüler weiß, wie das technische Objekt heißt? Welche Besonderheiten hat es? Welche Gemeinsamkeiten weist es mit unserem lenkbaren Anhänger auf?*

Da die Seifenkiste mit nur wenigen Bauteilen zu bauen ist, könnte dieses Modell ohne ausführliche Hilfestellung des Lehrers montiert werden. Die Schüler können kurz die Baugruppen benennen, die das Modell benötigt und es sollten gemeinsam Bewertungskriterien an der Tafel festgehalten werden. Danach beginnen die Schüler selbstständig mit der Montage. Für Schüler, die keine Idee haben, wie das Modell montiert werden könnte, kann eine Übersicht der benötigten Bauteile, ein verstecktes Lehrermodell oder eine methodische Reihe hinter der Tafel als Hilfestellung dienen.

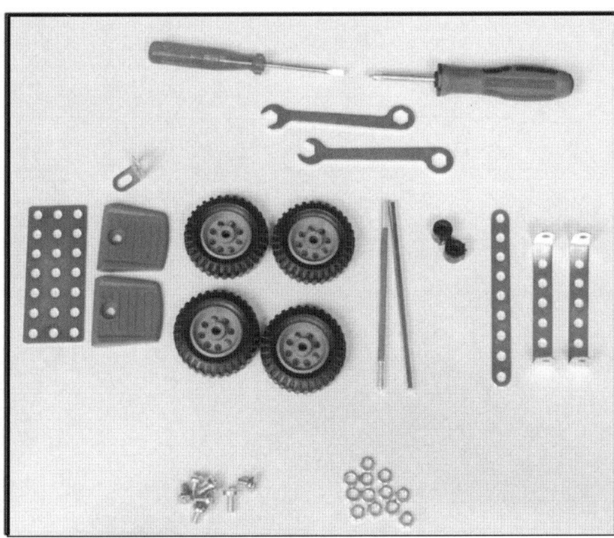

Abbildung 56: *Bauteile für eine Seifenkiste*

Abbildung 57: *Beispiel für eine Seifenkiste*

Am Ende führen die Lernenden eine Funktionsprobe durch. Dafür können die Seifenkisten der Schüler ein Rennen auf einer geneigten Ebene durchführen. Danach erfolgt die Bewertung anhand der festgelegten Kriterien. Die Schüler können dafür wieder eine TÜV-Plakette erhalten (grün-gelb-rot). Auch die Arbeitsweise der Schüler sollte besprochen und ausgewertet werden.

Werkunterricht in der Grundschule
Konstruieren & Montieren mit Metallbaukästen – Bestell-Nr. 12 282

Fahrzeuge mit Lenkung

Tabelle 12: *Benötigte Bauteile für eine Seifenkiste*

Bauteile	Stückzahl
Rundstab	**2**
Stellring	**2**
Rad	**4**
U-Stück	**2** 2 x 5-Loch
Flachstab	**1** 1 x 9-Lochflachstab
Lochplatte	**1** 1 x 3•7-Loch
Autositz	**2**
Winkelstück	**1**
Schraube	**7**
Mutter	**12**

KOHL VERLAG
Werkunterricht in der Grundschule
Konstruieren & Montieren mit Metallbaukästen – Bestell-Nr. 12 282

Fahrzeuge mit Lenkung

Roller und Dreirad

Der Roller und das Dreirad sind Fahrzeuge, die eine lenkbare Vorderachse und eine starre Hinterachse besitzen. Die bewegliche Vorderachse sollte über einen Lenker beweglich befestigt und somit lenkbar gemacht werden. Das heißt, eine einfache Lenkvorrichtung überträgt die Lenkbewegung auf die Vorderachse, auf das Vorderrad. Diese Modelle haben keine Drehschemellenkung, sondern eine **Einradlenkung**. Die Lenkstange überträgt über eine Welle die Bewegung auf die Lenkgabel.

Beide Fahrzeuge sind direkt aus der Lebenswelt der Schüler gegriffen. Vielleicht ist es möglich, mit den Schülern bereits vor dieser Werkunterrichts-Stunde über diese Fahrzeuge zu sprechen. Viele Kinder besitzen einen Roller und vielleicht sogar noch (von beispielsweise jüngeren Geschwisterkindern) ein Dreirad. Somit könnten die Schüler damit beauftragt werden, sich eines der Modelle zu Hause genau anzuschauen. Sicher findet sich sogar ein Kind, das sich bereit erklärt, eines der Fahrzeuge mit in den Unterricht zu bringen. Dann kann mit den Schülern anhand eines ***Originals*** geschaut und überlegt werden, auf welche Weise das technische Konstrukt gebaut und wie es als Modell realisiert werden kann. Die Vorderachse mit festem Lenker stellt dabei eine besondere Herausforderung dar. Alle Muttern müssen sehr fest an den Bauteilen sitzen und zur besseren Stabilität gekontert werden. Die Hinterachse ist beim Roller ein- und beim Dreirad zweispurig. Beide Fahrzeuge bieten Spielraum für individuelle Montagevariationen. Ob der Roller beispielsweise eine Sitzfläche bietet oder nur zum Stehen ist, bleibt dem Schüler überlassen.

Da beide Modelle im Aufbau sehr ähnlich sind, sollten sich die Schüler eins von beiden auswählen. Bewertungskriterien sollten zu Beginn besprochen und visualisiert werden und treffen auf beide Modelle zu. Am Ende sind wieder alle Modelle vorzuführen und anhand der Bewertungskriterien mithilfe von beispielsweise TÜV-Plaketten zu beurteilen.

***Abbildung 58**: Beispiel für einen Roller*

***Abbildung 59**: Beispiel für ein Dreirad*

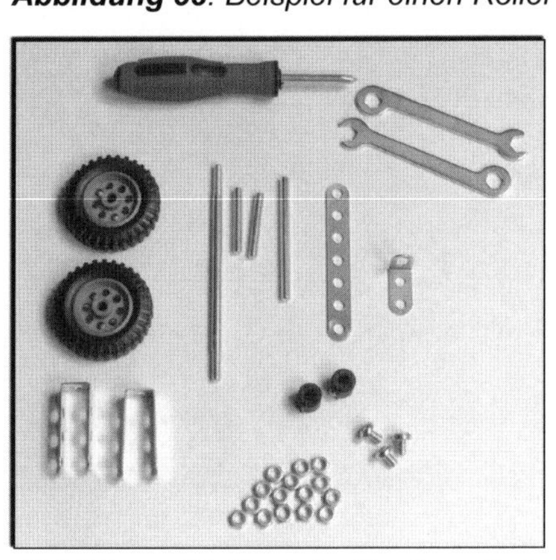

***Abbildung 60**: Bauteile für einen Roller*

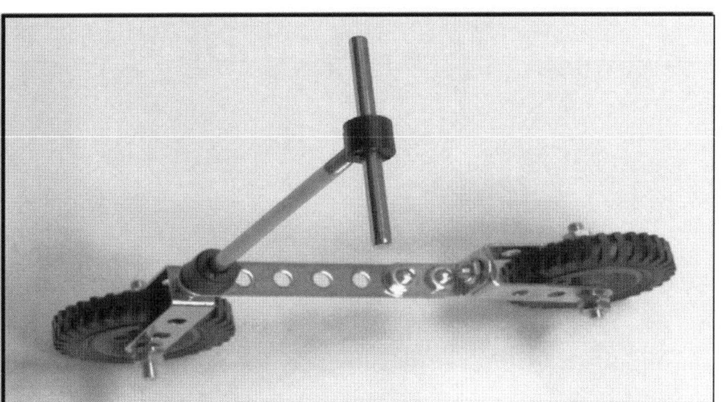

***Abbildung 61**: Beispiel für einen Roller*

Werkunterricht in der Grundschule
Konstruieren & Montieren mit Metallbaukästen – Bestell-Nr. 12 282
KOHL VERLAG

Fahrzeuge mit Lenkung

Tabelle 13: *Benötigte Bauteile für einen Roller*

Bauteile	Stückzahl
Rundstab	**4** mit unterschiedlicher Länge
Stellring	**2**
Rad	**2**
U-Stück	**2** 2 x 3-Loch
Flachstab	**1** 1 x 9-Lochflachstab
Winkelstück	**1** 1 x 1•2-Loch
Schraube	**3**
Mutter	**15**

KOHL VERLAG Werkunterricht in der Grundschule Konstruieren & Montieren mit Metallbaukästen – Bestell-Nr. 12 282

5 Einachsige Fahrzeuge/zweiachsige Fahrzeuge mit Lenkung

Fahrzeuge mit Lenkung

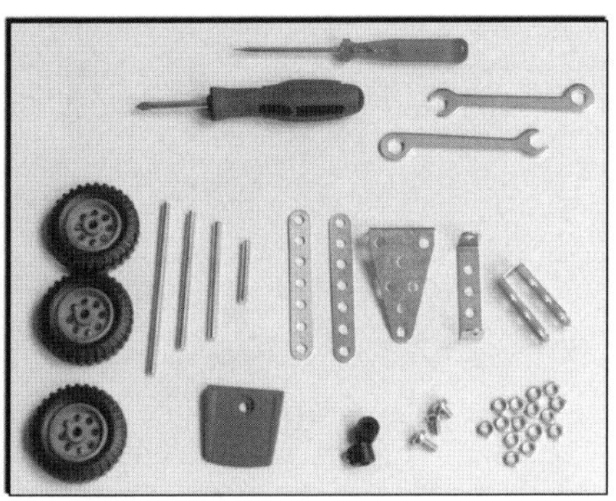

***Abbildung 62**: Bauteile für ein Dreirad*

***Abbildung 63**: Beispiel für ein Dreirad*

***Tabelle 14**: Benötigte Bauteile für ein Dreirad*

Bauteile	Stückzahl
Rundstab	**4** mit unterschiedlicher Länge
Stellring	**2**
Rad	**3**
U-Stück	**2** 1 x 1•3-Loch 1 x 3•1-Loch
Flachstab	**2** 2 x 7-Lochflachstäbe
Autositz	**1**
Trapezplatte mit Winkel	**1**
Schraube	**3**
Mutter	**15**

Werkunterricht in der Grundschule
Konstruieren & Montieren mit Metallbaukästen – Bestell-Nr. 12 282
KOHL VERLAG

Fahrzeuge mit Lenkung

Das Auto

Ein Auto könnte den Abschluss dieser Lerneinheit bilden. Bei der Konstruktion dieses Modells sollte der Lernende alle Lernziele anwenden:

- er kann Räder sicher auf der Achse lagern (Kontermutter)
- er kann die Hinterachse starr und die Vorderachse beweglich/lenkbar und sicher (Kontermutter) montieren (es gibt auch Fahrzeuge mit zwei beweglichen Achsen)
- er kann eine einfache Lenkvorrichtung montieren, die die Lenkbewegung auf die Vorderachse überträgt

All diese Kriterien sollten zu Beginn der Stunde mit den Schülern thematisiert werden. Danach können die Schüler frei in Einzel- oder Partnerarbeit ihr Auto montieren.

Dieses Modell kann natürlich auch von einem Lehrermodell nachgebaut oder mithilfe einer methodischen Reihe konstruiert werden. Für diesen Fall folgt nun ein realisierbares, jedoch recht umfangreiches Beispiel mit Bildern sowie einer Bauteilliste. Eine methodische Reihe befindet sich zudem im Webshop zum Download. Das Modell kann mithilfe der Bauanleitung aus dem eitech-Heft gebaut werden. Die Schüler sollten die Bauanleitung jedoch abgewandelt umsetzen: die Vorderachse sollte beweglich sein. Toll ist es, wenn die Vorderachse durch das Lenkrad zu steuern ist.

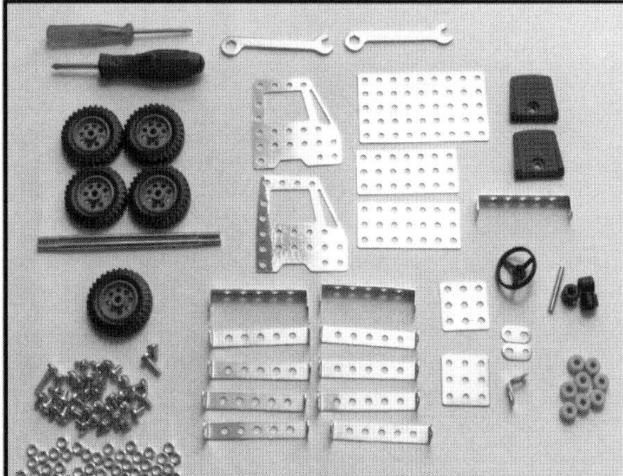

***Abbildung 64**: Bauteile für ein Auto*

***Abbildung 65**: Beispiel für ein Auto*

Am Ende führen die Lernenden eine Funktionsprobe durch. Danach erfolgt die Bewertung anhand der festgelegten Kriterien.

Die Schüler können dafür wieder eine TÜV-Plakette erhalten (grün-gelb-rot). Auch die Arbeitsweise der Schüler sollte besprochen und ausgewertet werden.

Werkunterricht in der Grundschule
Konstruieren & Montieren mit Metallbaukästen – Bestell-Nr. 12 282

KOHL VERLAG

5 Einachsige Fahrzeuge/zweiachsige Fahrzeuge mit Lenkung

Fahrzeuge mit Lenkung

Tabelle 15: *Benötigte Bauteile für ein Auto*

Bauteile		Stückzahl	
Rundstab		**3**	
Stellring	**Elastikstellring**	**3**	**8**
Rad		**5**	
U-Stück		**11** 11 x 5-Loch	
Lochplatte		**5+2** 2x 3•7-Loch 2x 3•3-Loch 1x 5•9-Loch 2x Lochplatte-Autoseitenteil	
Autositz		**2**	
Winkelstück		**1**	
Lenkrad		**1**	
Flachstab		**2** 2 x 2-Lochflachstäbe	
Schraube	**Mutter**	**38**	**53**

Fördertechnik (Klassenstufe 3/4)

In diesem Bereich wird sich der Schüler des 3./4. Jahrganges mit Fördermitteln beschäftigen, die Lasten (mittels Kran) oder Personen sowie Güter (mittels Seilbahn) heben, senken oder schwenken. Im Mittelpunkt dieser Arbeit stehen nun Rolle und Seil und deren Zusammenwirken.

Der Schüler kann nun alle erworbenen Kenntnisse (stabile Konstruktionen, Lagern und Sichern beweglicher Verbindungen und Räder) sicher anwenden und lernt nun Lasten mittels Rolle und Seil zu transportieren sowie zu sichern, indem er Bewegungsrichtungen sperrt. Für die individuelle Gestaltung der Modelle kann der Schüler unterschiedliche Werkstoffe sowie Verpackungsmaterial ergänzend nutzen.

Kran

Dem Schüler begegnen immer wieder Baustellen, auf denen Lasten mittels Kränen transportiert werden. Dabei wirken Rolle und Seil zusammen, um Lasten zu heben sowie zu senken.

Zu Beginn kann mit den Schülern besprochen werden, welche Arten von Kränen es gibt: Autodrehkran, Turmdrehkran, Hafenkran usw. (Bilder für die Tafel sollten bereit gehalten werden.) Die Schüler sollen dann herausfinden, welche Gemeinsamkeiten sie zwischen den verschiedenen Kränen feststellen können. Dabei benennen sie wichtige Baugruppen eines Krans: (das Fahrgestell), das Krangestell, den Ausleger sowie die Winde mit Sperre.

Im Folgenden werde ich einen einfachen Autodrehkran mithilfe dieser Baugruppen vorstellen. Da es ein vereinfachtes Modell ist, sollte jeder Schüler dieses Modell in Einzelarbeit konstruieren. Weitere, komplexere Modelle eines Krans könnten in den folgenden Stunden ebenso in Partnerarbeit realisiert werden. Dabei sollte noch einmal verstärkt das Lesen schematischer Zeichnungen geübt werden. Auch das Bauen eines komplexen Krans mithilfe einer Bauanleitung wäre mithilfe des Bauhefts von eitech möglich.

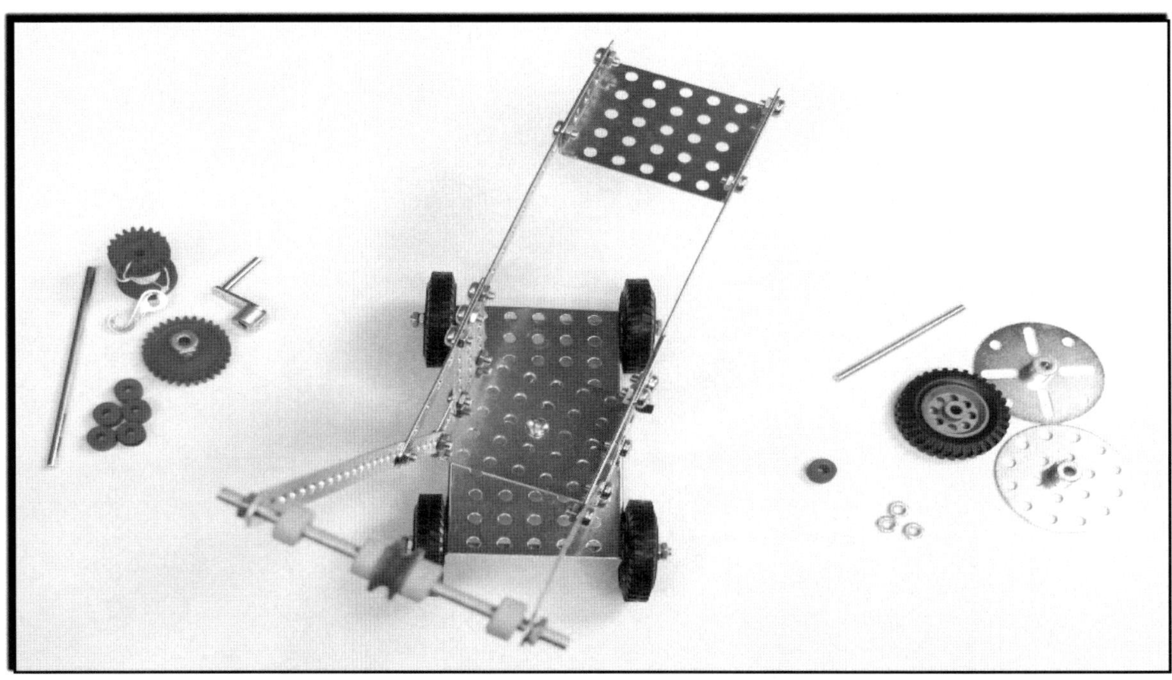

***Abbildung 66**: Autodrehkran im Bau*

Werkunterricht in der Grundschule
Konstruieren & Montieren mit Metallbaukästen – Bestell-Nr. 12 282

Fördertechnik (Klassenstufe 3/4)

Der Kran

Das Fahrgestell kann den Kran bewegen.

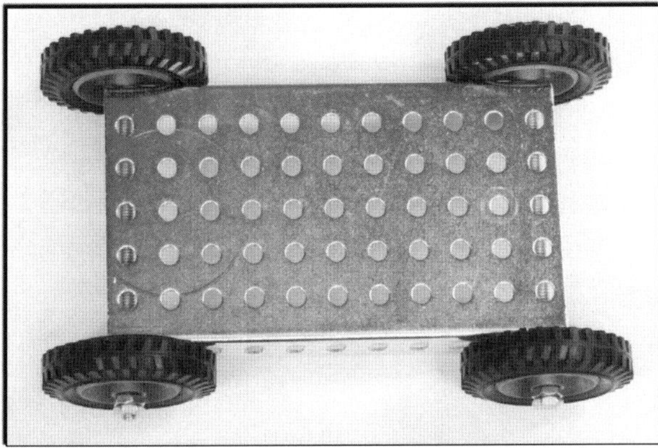

***Abbildung 67**: Fahrgestell*

Das Krangestell kann eine Last schwenken.

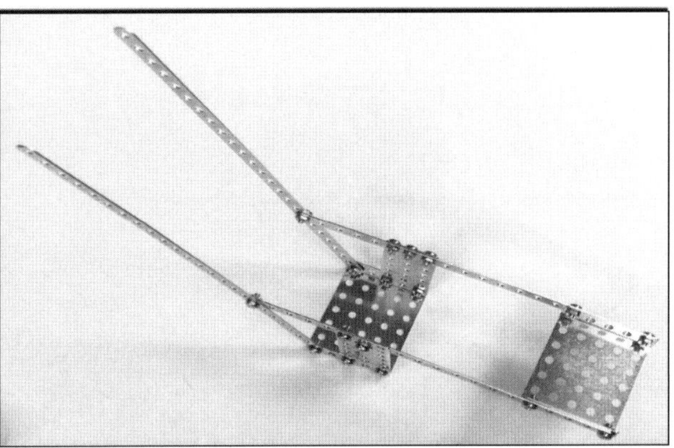

***Abbildung 68**: Krangestell*

Der Ausleger kann eine Last in einem bestimmten Arbeitsbereich heben und senken. Die Umlenkrolle des Krans ändert dabei die Richtung der Zugkraft.

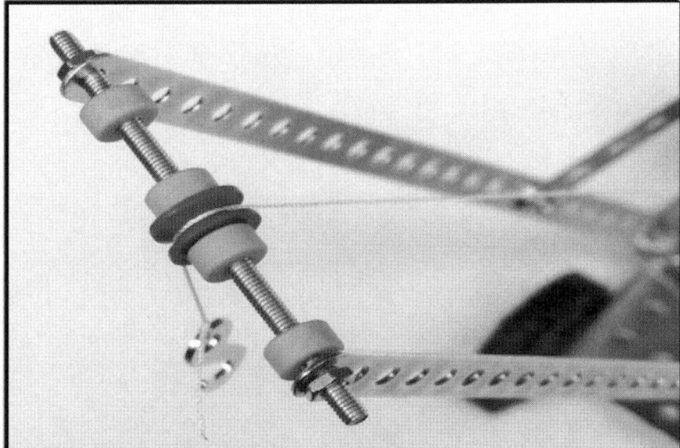

***Abbildung 69**: Ausleger*

Die Winde dient als Antrieb und durch **die Sperre** kann ein ungewolltes Absinken der Last verhindert werden.

***Abbildung 70**: Winde mit Sperre*

***Abbildung 71**: Autodrehkran*

Damit der Autodrehkran nicht ins Kippen gerät, muss sein Gewicht ausbalanciert sein. Das Krangestell muss daher mit extra Lasten beschwert werden.

Werkunterricht in der Grundschule – Bestell-Nr. 12 282
Konstruieren & Montieren mit Metallbaukästen

Fördertechnik (Klassenstufe 3/4)

Tabelle 16: *Benötigte Bauteile für einen Autodrehkran*

Bauteile	Stückzahl
Rundstab	**5**
Elastikstellring	**10**
Rad	**4**
Lochplatte	**2** 2 x 3•7-Loch
U-Platte	**3** 1 x 5•11-Loch 2 x 5•5-Loch
Versch. Lasten zum Ausbalancieren	**3**
Flachstab	**4** 2 x 20-Lochflachstäbe 2 x 25-Lochflachstäbe
Rolle	**1**

KOHL VERLAG
Werkunterricht in der Grundschule
Konstruieren & Montieren mit Metallbaukästen – Bestell-Nr. 12 282

Fördertechnik (Klassenstufe 3/4)

Tabelle 16: *Benötigte Bauteile für einen Autodrehkran*

Bauteile	Stückzahl
Lasthaken	**1**
Seil	**1**
Seiltrommel	**1**
Zahnrad	**1**
Sperrklinke	**1**
Kurbel	**1**
Schraube	**18**
Mutter	**32**

Werkunterricht in der Grundschule
Konstruieren & Montieren mit Metallbaukästen – Bestell-Nr. 12 282
KOHL VERLAG

Fördertechnik (Klassenstufe 3/4)

Schematische Zeichnung eines Autokrans

„[Der Schüler] kann eine einfache Schemaskizze mit symbolhafter Darstellung der Bauteile lesen, die entsprechenden Baugruppen des Modells bestimmen und die erforderlichen Montageschritte zur Lösung der Werkaufgabe festlegen." (Lehrplan für die Grundschule Werken 2010, S. 23) Die Zeichnung kann vorgegeben oder auch gemeinsam mit den Schülern entwickelt werden.

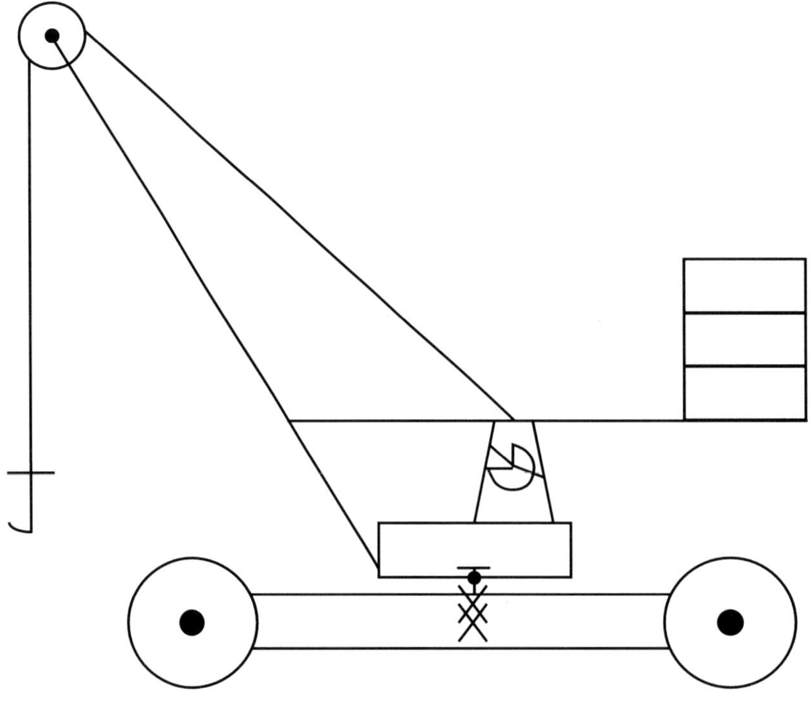

Auswertung

Am Ende führen die Lernenden eine Funktionsprobe durch. Dafür können Lasten mit verschiedenem Gewicht genutzt und mit dem Kran transportiert werden. Danach erfolgt die Bewertung anhand der festgelegten Kriterien.

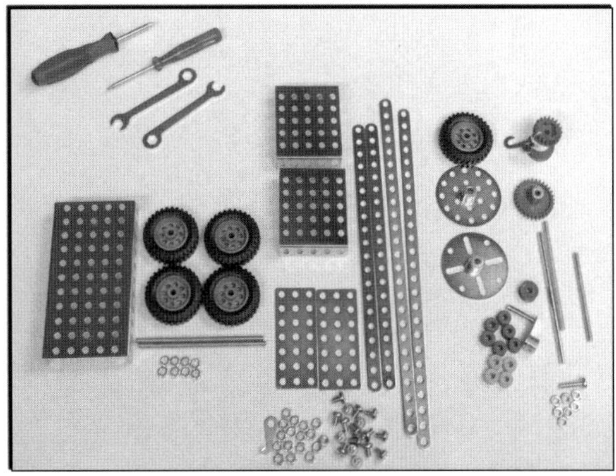

***Abbildung 72**: Bauteile für einen Autodrehkran*

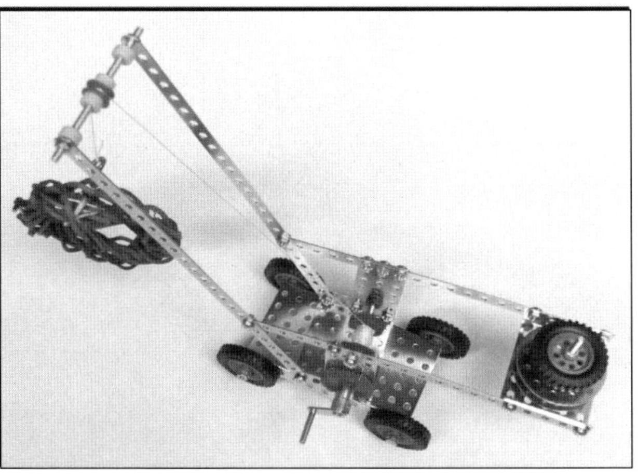

***Abbildung 73**: Beispiel für einen Autodrehkran*

Werkunterricht in der Grundschule
Konstruieren & Montieren mit Metallbaukästen – Bestell-Nr. 12 282

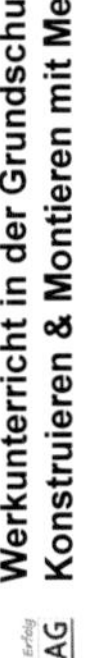

Fördertechnik (Klassenstufe 3/4)

Seilbahn

Zur Einführung der Seilbahn könnte eine ***Problemstellung*** genannt werden: *„Ihr seid im Winterurlaub und wollt einen Berg abfahren. Den Berg erst hochzuwandern ist jedoch sehr anstrengend und zeitaufwendig. Kennt ihr ein technisches Gebilde, das euch behilflich sein kann, den Berg schnell und ohne viel Kraftaufwand zu erklimmen?"*

Jetzt sind die Schüler aufgefordert zu überlegen, welche Fördereinrichtung ihnen behilflich sein kann und nennen die Seilbahn. Anhand verschiedener Bilder sollen weitere Einsatzmöglichkeiten von Seilbahnen besprochen sowie wichtige Teile und deren Funktion benannt werden.

In der Bauanleitung von eitech befindet sich eine Montagemöglichkeit einer Seilbahn. Diese ist jedoch sehr komplex und weist einige Mängel auf. So ist es beispielsweise schwer, die Seilbahn so zu befestigen, dass sie nicht ins Kippen gerät. Die Gondel zu bewegen ist anhand dieser Montage auch nur schwer möglich, da Last- und Zugseil nicht als getrennte Einheiten verbaut wurden.

Im Folgenden stelle ich eine Möglichkeit für eine Seilbahn vor, die die Schüler in Einzel- oder Partnerarbeit anhand einer schematischen Zeichnung, eines Lehrermodells, einer methodischen Reihe oder frei nach der Besprechung aller Baugruppen montieren können. Da das Modell gut arbeitsteilig montiert werden kann und sehr komplex ist, bietet sich an dieser Stelle eine Partnerarbeit an.

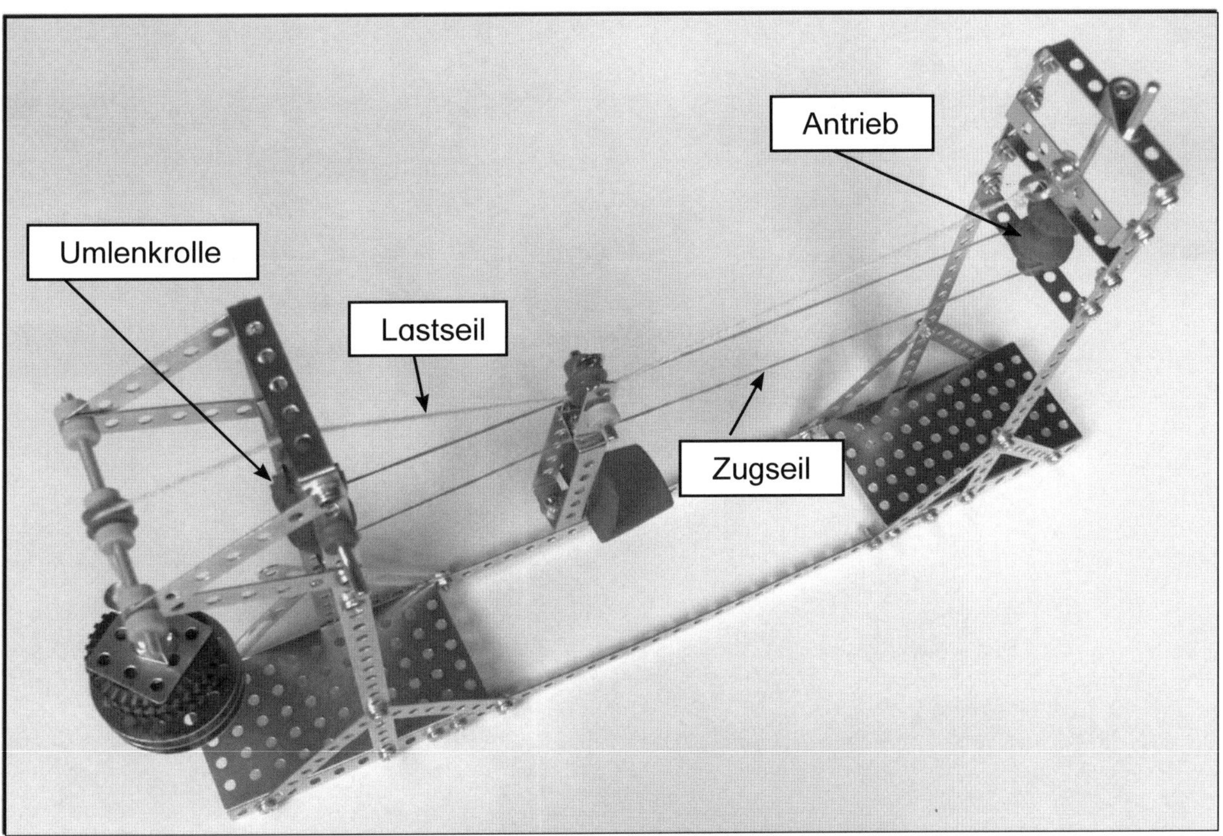

Abbildung 74: *Modell einer Seilbahn*

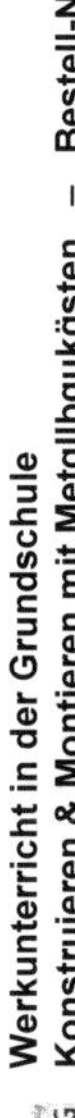

Fördertechnik (Klassenstufe 3/4)

Seilbahn

Die Gondel wird sowohl an einem Lastseil/Tragseil sowie an einem Zugseil befestigt. Ein Transport/ein Bewegen der Gondel ist möglich, weil zwischen Rolle und Seil eine Reibung entsteht (Zugseil). Um diese Reibung gut zu erzeugen, eignet sich der Einsatz eines flexiblen Gummis. Der Antrieb der Gondel befindet sich auf der Bergstation, die Umlenkrolle in der Talstation.

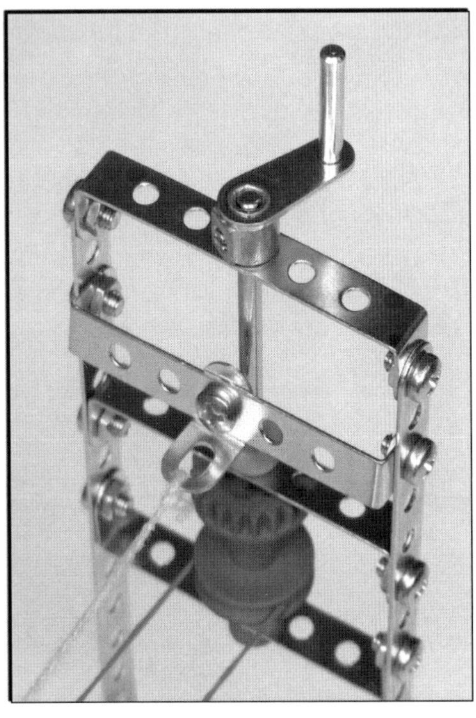

***Abbildung 75**: Antrieb der Seilbahn*

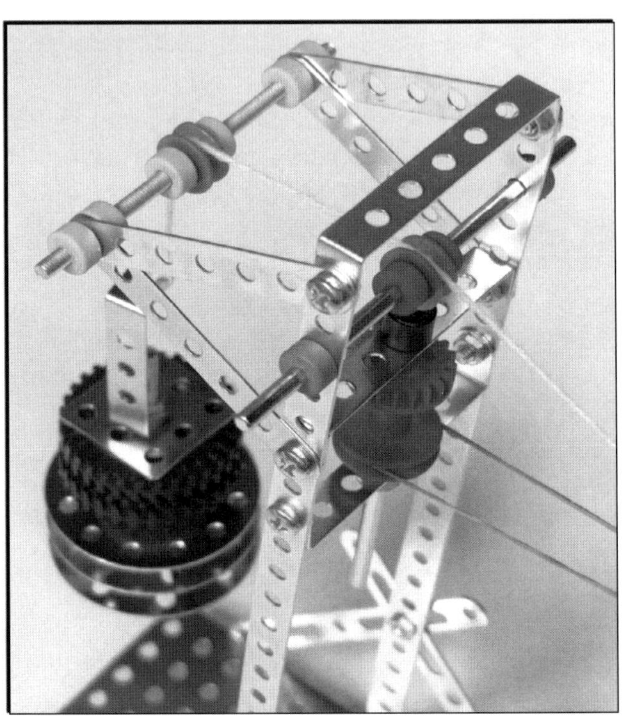

***Abbildung 76**: Umlenkrolle der Seilbahn*

Am Ende führen die Lernenden eine Funktionsprobe durch. Dafür können Lasten (z.B. Legofiguren) genutzt und mit der Seilbahn transportiert werden. Danach erfolgt die Bewertung anhand der zuvor festgelegten Kriterien.

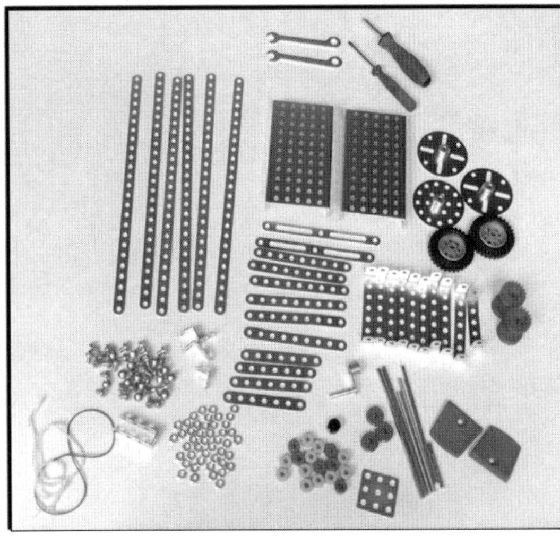

***Abbildung 77**: Bauteile für eine Seilbahn*

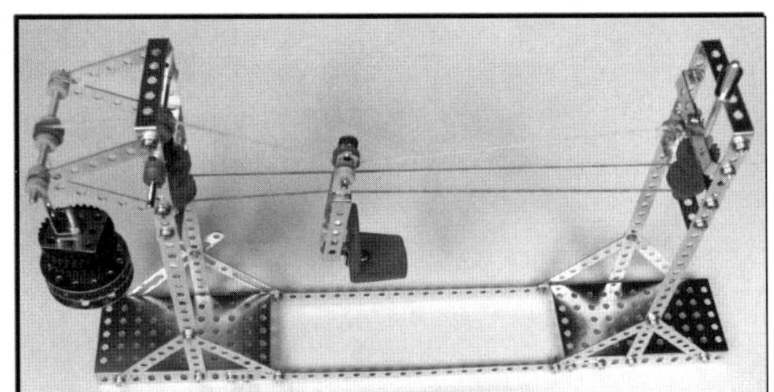

***Abbildung 78**: Beispiel für eine Seilbahn*

Konstruieren und Montieren von Modellen technischer Objekte zum Transport von Menschen und Gütern

Fördertechnik (Klassenstufe 3/4)

Tabelle 17: *Benötigte Bauteile für eine Seilbahn*

Bauteile	Stückzahl
Rundstab	**6**
Elastikstellring	**17**
Stellring	**1**
Lochplatte	**1** 1 x 3•3-Loch
U-Platte	**2** 2 x 5•11-Loch
U-Stück	**1** 1 x 1•3-Loch
Versch. Lasten zum Ausbalancieren	**5**
Flachstab	**16** 6 x 25-Lochflachstäbe 4 x 7-Lochflachstäbe 6 x 9-Lochflachstäbe
Flachstab	**2** 2 x 3-Lochflachstäbe
Gondelsitz	**3**
Rolle	**2**

Werkunterricht in der Grundschule
Konstruieren & Montieren mit Metallbaukästen – Bestell-Nr. 12 282
KOHL VERLAG

6

Konstruieren und Montieren von Modellen technischer Objekte zum Transport von Menschen und Gütern

Fördertechnik (Klassenstufe 3/4)

Bauteile	Stückzahl
Gummi	1
Seil	1
Seiltrommel	2
Winkelstück	3 (verschiedene)
Kurbel	1
Schraube	43
Mutter	46

Werkunterricht in der Grundschule
Konstruieren & Montieren mit Metallbaukästen – Bestell-Nr. 12 282

7 Bewertungsbogen

Schüler	Kriterien										Punkte
	produktbezogen						*prozessbezogen*				
	bewegliche Vorderachse	sichere Vorderachse	bewegliche Räder	sichere Räder	Kreativität		Ordnung am Arbeitsplatz	selbstständiges, leises Arbeiten	sachgerechter Umgang mit dem Werkzeug		

Klasse 1 2 3 4

Ethik

Tobias Vonderlehr

Grundwissen Ethik

Wertvorstellungen und Überzeugungen

Dieser wertvolle Begleiter ist auch für den fächerübergreifenden Unterricht geeignet. Themen wie z.B. das Bewusstsein für die eigene Person, für die Vielfältigkeit der Menschen und der sie umgebenden Natur, aber auch das Verhältnis Person und soziales Umfeld sowie die Beziehung des Menschen zur Natur und Umwelt führen die Schüler zu Wertvorstellungen und Überzeugungen nach ethischen Prinzipien.

Klasse 2 3 4

48 Seiten	11 882	ab 13,49 €

Birgit Brandenburg

Fachfremd Ethik unterrichten

Leichte Einstiege sofort umsetzbar

Wir geben Ihnen mit diesem Band eine effektive Unterstützung mit auf den Weg. Praktische und direkt einsetzbare Ideen sind auf die Ziele des Bildungsauftrags genau zugeschnitten. Es werden jeweils wichtige Hilfestellungen und Tipps gegeben.

Klasse 1 2 3 4

72 Seiten	11 754	ab 15,99 €

Birgit Brandenburg

Stationenlernen Ethik

Ethik begegnet uns unbewusst täglich. Ihre Aufgabe ist es, das kritische Denken ins Bewusstsein zu rücken. Der Ethikunterricht in der Schule soll die Fragen zum Leben und seinem Sinn für die Kinder transparenter machen und den Bezug zu ihrem Leben und Alltag herstellen. Selbstwahrnehmung, Beziehungen zu Mitmenschen, Zusammenleben und Gefühlswelt werden erfahren.

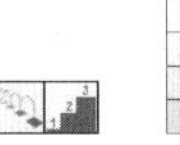

Klasse 1 2 3 4

48 Seiten	12 147	ab 13,49 €

Gary M. Forester

Glück ... hat viele Gesichter

Was ist Glück? Wann spricht man von Glück? Kann man dem Glück zufällig begegnen? Hängt es von materiellen Dingen oder von unseren Mitmenschen ab? Kann es biochemisch erklärt werden? Wir machen uns auf die Spur des Glücks. Mit diesem Legematerial werden verschiedene Aspekte des Themas GLÜCK dargestellt. Auf der Grundlage des Konzeptes von Maria Montessori werden durch eigenes Zuordnen Sachverhalte bedacht und begriffen.

Klasse 2 3 4

FARBIG	40 Seiten	15 031	ab 17,49 €

Kunst

Eckhard Berger

Vertretungsstunden Kunst in der Grundschule

Vertretungsstunden Kunst, orientiert an den Standards und Vorgaben, bietet allen Fachlehrkräften und Fachfremden die richtige kompetenzorientierte Sammlung von modernen kreativen Aufgaben für den einstündigen und längerfristigen Vertretungsunterricht. Sie umfasst alle relevanten Kunstthemen und ist spontan, stressfrei und ohne Vorbereitungsaufwand mit dem ohnehin vorhandenen Material möglich in jeder Klasse und Unterrichtsgruppe und verschiedenen Sozialformen einsetzbar.

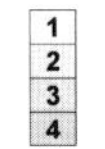

Klasse 1 2 3 4

FARBIG	72 Seiten	12 567	ab 21,49 €

Eckhard Berger

Kunstgeschichte für Kinder

Ein Lehrbuch mit allen relevanten Kunstepochen von der Höhlenmalerei bis zur modernen Kunst, berühmten Künstlern, Meisterwerken, kindgerechten Sachtexten, spannenden Basis- und Ergänzungsaufgaben und mehr, sorgt für erfolgreiche Unterrichtsarbeit. Alle Kinder nehmen optimal begeistert und hoch motiviert kunstgeschichtliche Inhalte auf und setzen sie unter Einsatz verschiedener Materialien kreativ gestalterisch um. Wertvolles Grundwissen und fantastische Praxisergebnisse entstehen.

Klasse 2 3 4

FARBIG	64 Seiten	12 284	ab 20,99 €

Eckhard Berger

Kunstwerke entdecken & anmalen

- ***Kindgerechte Kunstwerke anmalen***
- ***Berühmte Künstler kennenlernen***
- ***Prägnante Sachtexte erfahren***

Der Band ist das lernstarke Mal- und Kunstbuch für alle kleinen Künstler, das unverzichtbar in der kunstpädagogischen Früherziehung ist. Es kann einerseits als Arbeitsbuch oder als Unterrichtswerk eingesetzt werden. Die Vorlagen sind auch zur häuslichen Förderung bestens geeignet. Kinder entdecken die berühmtesten Künstler und deren bedeutendste Meisterwerke, die sie nach vorgegebener oder nach eigener Farbwahl anmalen.

Klasse 1 2 3 4

FARBIG	40 Seiten	12 231	ab 17,49 €

Gestaltung • Kreativität • Techniken

Mit Niveaunavigator!

	Titel	Best.-Nr.	
1	Finger-, Hand- & Fußdruck	12 836	
2	Malen & Farbe	12 837	
3	Kritzeln & zeichnen	12 838	
4	Schnipseln, reißen & schneiden	12 839	je 40 Seiten
5	Punkt, Kuller & Kreis	12 840	ab 18,49 €

Eckhard Berger

Kinderkunst Grund- & Erweiterungskompetenzen

Klasse 2 3 4

Die besonders lernstarke und effiziente Reihe Kinderkunst mit Niveaunavigator fördert optimal die Grund- und Erweiterungskompetenzen künstlerische Gestaltung, Kreativität und Techniken einschließlich Motorik bei allen Kindern, in besonderem Maß orientiert an ihrem Entwicklungsstand und ihrer Lebenswirklichkeit. Die konzeptionell neuartigen Aufgaben, Projekte und Aktionen garantieren unter Berücksichtigung aller relevanten Lern- und Sozialformen bei viel Spaß und Begeisterung großartige Erfolge.

Finger-, Hand- & Fußdruck: *Eine faszinierende, grenzenlose Welt an Strukturen, Mustern und Inhalten*
Malen & Farbe: *Bedeutung, Wirkung, Unterscheidung und Zuordnung von Farben*
Kritzeln & zeichnen: *Aus spielerischem Kritzeln wird zielgerichtetes Zeichnen ...*
Schnipseln, reißen & schneiden: *Papier, Pappe und andere Materialien werden bearbeitet & verändert*
Punkt, Kuller & Kreis: *Hinreißende Meisterwerke aus Strukturen, Mustern und Inhalten*

Eckhard Berger

Kunst fachfremd unterrichten

Leichte Einstiege sofort umsetzbar

Eine effektive Unterstützung für Ihren Unterrichtseinstieg. Praktische und direkt einsetzbare Ideen sind auf die Ziele des Bildungsauftrags genau zugeschnitten. Dabei wird besonders auf die Organisation und den Aufbau des Kunstunterrichts eingegangen, es werden jeweils wichtige Hilfestellungen und Tipps gegeben.

Klasse 1 2 3 4

FARBIG	80 Seiten	11 168	ab 19,99 €

Gary M. Forester

Formen & Farben

So kann man Kunst begreifen!

Der Band enthält zahlreiche Farbkarten zum Ausschneiden und Legen in verschiedenen Formen, die z.B. für das Nachlegen des Farbkreises nach Itten, Hell-Dunkel-Abstufungen, Komplementärfarben oder zur Wahrnehmungsförderung genutzt werden können. So kann man Kunst begreifen!

Dieses Lege- und Lernmaterial lädt zum Begreifen ein und macht das Lernen anschaulich. Die farbigen Blattsammlungen sind ideal für jedes Klassenzimmer!

Klasse 1 2 3 4

FARBIG	48 Seiten	15 002	ab 15,99 €	FÖ